SYLVANDIRE.

Imprimerie de Giroux et Vialat, à Lagny (Saint-Denis-du-Port.)

SYLVANDIRE

PAR

ALEXANDRE DUMAS.

2

PARIS,
DUMONT, ÉDITEUR,
PALAIS-ROYAL, 88, AU SALON LITTÉRAIRE.

1844

I.

Comment le chevalier fit son entrée dans le monde.

Le chevalier mit onze jours à venir d'Anguilhem à Paris ; en passant à Saint-Aignan, il avait, selon la recommandation de son père, fait polir et rajeunir Christophe par le premier vétérinaire de l'endroit ; à Orléans, il avait acheté une houppelande de voyage et fait poser un galon frais à son chapeau ; à Versailles il avait eu bonne envie de s'arrêter à voir la cour, mais en comparant son équipage à ceux des seigneurs qu'il rencontrait, il avait eu honte de la comparaison et avait continué son chemin, de sorte qu'il était arrivé à Paris sans faire halte autrement que pour manger, dormir, et donner du repos à Christophe, ce qui n'empêchait pas, comme nous l'avons dit, qu'il n'eût mis onze jours à faire la route.

Le chevalier arriva à Paris par Chaillot. Cette entrée de la capitale était loin d'être à cette époque ce qu'elle est aujourd'hui, de sorte que Roger ne fut pas trop émerveillé de ce qu'il voyait, et garda à l'endroit de la grande ville une fort respectable dignité ; cependant il s'arrêta pour admirer la belle prison qui s'élevait au bas du couvent des Filles-Sainte-Marie, et qu'il prit d'abord pour un palais, puis il longea le quai de la Savonnerie et entra dans le Cours-la-Reine. Là, il faut l'avouer, son étonnement commença. Il avait le Louvre devant lui, les Invalides au dôme resplendissant à sa droite; puis, comme c'était un beau jour d'été, une foule de carrosses pleins des plus beaux seigneurs et des dames les plus élégantes de l'époque qui suivaient l'allée à sa gauche. Bientôt il se trouva au milieu d'un magasin de marbre, vaste atelier découvert où Louis XIV faisait tailler les statues dont il hérissait la France, et qui, situé le long de la rue de la Bonne-Morue, couvrait juste l'endroit où se trouve aujourd'hui la place de la Concorde. Dieu fasse paix à ceux qui ont substitué la pierre et la fonte au marbre et au bronze qui la couvraient à cette époque.

En arrivant à ce magasin de marbre qui lui faisait obstacle, le chevalier fut embarrassé pour savoir s'il passerait à droite ou à gauche. Il questionna un ouvrier.

— Monsieur, lui dit ce dernier, quoique votre cheval ait l'air d'une bonne et brave bête, il me semble fatigué au fond. Ne prenez donc pas par le quai, dont le pavé est fort mauvais, passez par la porte Saint-Honoré, vous laisserez à votre gauche les Filles de la Conception, et l'hôtel du Luxembourg, puis vous arriverez à la place Louis-le-Grand; vous la reconnaîtrez facilement. C'est une grande place au milieu de laquelle on voit le roi à cheval. C'est un bon quartier où l'on peut choisir ses hôtels.

Le chevalier suivit le chemin et le conseil. Il trouva la place Louis-le-Grand à l'endroit indiqué; mais n'osant s'aventurer dans un si beau quartier, il continua sa route quelques pas encore, et voyant un hôtel d'assez modeste apparence et qui lui parut en harmonie avec l'état de sa fortune, il s'y arrêta : c'était l'hôtel de la Herse d'Or.

Le chevalier franchit donc la grande porte

d'un air assez résolu pour un provincial, et comme il était fatigué, il abandonna Christophe aux soins d'un palfrenier, monta à une petite chambre située au cinquième et qu'on lui désigna sur sa mine, se coucha, s'endormit, et ne se réveilla que le lendemain.

Le lendemain venu, sa première idée fut d'aller remettre à un certain marquis de Cretté, une lettre de recommandation fort pressante que son père tenait de M. d'Orquinon, son voisin de campagne. Mais en se mettant à sa fenêtre, le chevalier remarqua, entre la toilette des gens qui passaient à cheval ou en voiture et sa toilette à lui, une si grande différence, qu'il rougit de son accoutrement qui cependant lui avait toujours paru fort galant en province; il s'informa donc de la demeure d'un fripier chez lequel il se rendit immédiatement, et où il acheta un habit à peu près neuf, une veste encore présentable, des bas à coins et une épée. Ainsi transformé, le chevalier était, grâce à sa bonne mine personnelle, présentable même pour Paris, si ce n'est cependant que son habit bleu de ciel portait un nœud vert pomme sur l'épaule; union de couleurs qui pouvait paraître un peu bien hasardée, mais qui tenait sans doute à une fantaisie amoureuse de son premier propriétaire. Une fois vêtu de son nouveau costume, le chevalier crut devoir étudier l'effet que produirait sa mise fringante sur des matières moins nobles que ne l'étaient le marquis de Cretté et la société que notre débutant pouvait rencontrer chez lui, et pour faire son expérience *in anima vili*, Roger se rendit chez M° Coquenard, procureur de son père, rue du Mouton, près la place de Grève.

Roger, comme nous l'avons dit, était beau garçon, et quoique de province, il sentait son gentilhomme. On reconnaissait, sans doute, le hâle des champs étendu sur sa figure arrondie et sur ses mains robustes ; mais il avait la jambe bien prise, mais de temps en temps son œil étincelait à travers sa timidité. Son épée seule l'incommodait fort en lui battant les mollets, car, à Anguilhem, il n'avait pas pris l'habitude de porter une épée. Ce frottement perpétuel lui causait de l'inquiétude ; il ne savait pas encore non plus se faire faire place par les manants et céder le haut du pavé à ses supérieurs ; de sorte qu'il se dérangeait pour un porteur de chaise et coudoyait un homme de qualité ; mais son air étonné le sauva du mécontentement de ceux-ci, tandis que ses formes vigoureuses lui épargnèrent les railleries de ceux-là. En effet, le chevalier, comme nous l'avons dit, avait cinq pieds sept à huit pouces et était taillé à l'avenant, ce qui, dans tous les pays du monde, inspire toujours une certaine considération.

M. Coquenard reçut Roger fort gracieusement. De son côté Roger, seigneur tout à fait sans façon, accepta l'offre qui lui fut faite de prendre sa part d'un civet du plus délicieux aspect, et d'un pâté chaud du fumet le plus engageant. On se mit donc à table, sans plus de cérémonie, et l'on commença à fêter l'un et l'autre de bonne façon, puis on entama le chapitre des affaires. M° Coquenard apprit alors à Roger, avec forces délicatesses, pour amortir autant que possible le coup qu'il allait lui porter, que la poursuite de la succession qui l'amenait à Paris était des plus difficiles et des moins sûres ; que le baron d'Anguilhem, en acceptant le bénéfice de l'héritage, se trouvait engagé, par le fait même de son acceptation, pour une somme de vingt mille livres portée au compte des dettes du défunt.

Roger fut épouvanté de ce premier exposé.

Mais ce ne fut pas tout ; M° Coquenard lui

expliqua encore comment, depuis huit jours seulement, les frais des demandes entamées s'élevaient déjà à neuf cents livres.

Pour le coup, Roger pâlit et perdit l'appétit ; car, au fond de tout cela, outre l'argent perdu, il y avait toujours l'éventualité d'épouser ou de ne pas épouser Constance ; et nous devons le dire à la louange de notre héros, quoiqu'il y eût douze jours qu'il eût quitté mademoiselle de Beuzerie, qu'il eût vu depuis lors pas mal de pays, et que de la veille il eût commencé à mordre dans la capitale, l'image de la jeune fille était aussi présente à sa mémoire qu'au moment où il avait pris congé d'elle.

Ajoutons pour ce qui concerne l'effet produit sur l'appétit du chevalier que lorsqu'il apprit cette nouvelle le dîner touchait à sa fin.

Muni de ces lugubres renseignements, le chevalier rentra à la Herse d'Or, mais il faut le dire d'un pas moins assuré qu'il n'en était sorti.

Le chevalier, afin d'accomplir la promesse faite, commença par écrire à son père pour lui annoncer son heureuse arrivée à Paris, son entrevue avec monsieur Coquenard, et les malheureuses nouvelles qu'il avait rapportés de chez le digne procureur : il terminait son épître en disant qu'il allait faire usage à l'instant même de la lettre de M. d'Orquinon pour le marquis de Cretté.

En effet, la lettre écrite et confiée à la poste le chevalier donna un coup-d'œil plus étudié à sa toilette, changea de cravatte, tira ses manchettes et s'achemina, non sans un battement de cœur, vers la demeure du marquis de Cretté, située au faubourg Saint-Germain, rue du Four, à cent toises de l'hôtel Montmorency.

Ce qui causait surtout chez le chevalier cette surexcitation sanguine, c'est qu'il s'attendait à trouver un veillard grave, sévère et empesé, dans le genre de M. de Beuzerie, genre qui lui était essentiellement anthipatique, puis derrière ce veillard grave, sévère et empesé, il entrevoyait une douairière quinteuse, à l'œil terne, à la voix criarde, et pour obéir à cet aimable couple, une douzaine de valets insolents. Il n'y avait qu'un dédommagement pour le chevalier d'Anguilhem à tout cela, c'est que les vieillards sont un peu provinciaux, même à Paris.

Mais en entrant dans l'hôtel, tout au contraire de ce qu'il s'attendait à y trouver, il aperçut une demi-douzaine de chevaux de race, harnachés à la plus nouvelle mode, le tout gardé par cinq où six valets à livrées différentes, mais toutes brillantes et gaies, si bien qu'on sentait que bêtes et gens appartenaient à de jeunes seigneurs, parfaitement au courant de l'élégance du jour; tout cela inquiéta encore plus Roger, il faut le dire, que les deux vieux portraits de famille qu'il s'attendait à trouver là.

Le suisse se tenait debout sur la porte, son chapeau à trois cornes sur la tête, son large baudrier à l'épaule et sa canne à la main, écartant tant du même geste aristocratique les chiens et les manants qui s'arrêtaient gueule et bouche béante devant la porte de l'hôtel ; mais quand il aperçut Roger, il porta respectueusement la main à son chapeau avec cet instinct qui indique à un laquais qu'il a affaire à un gentilhomme, et lui demanda ce qu'il y avait pour son service. Roger répondit qu'il désirait parler à M. le marquis de Cretté ; le suisse alors appela un des valets qui tenaient les chevaux ; celui-ci fit signe à un grand escogriffe galonné sur toutes les coutures, lequel introduisit le chevalier dans un élégant salon situé au rez-de-chaussée, et donnant d'un côté sur la cour et de l'autre sur un jardin.

Un instant après, six jeunes gentilshommes, tous brillants, bruyants et pimpants, descendirent le grand escalier en sautant les marches quatre à quatre. L'un deux se dirigea vers le salon, les cinq autres s'éparpillèrent dans la cour, courant chacun au cheval qui lui était destiné.

— Qui me demande ? cria de loin au laquais le jeune gentilhomme, qui s'était dirigé vers le salon.

— M. le chevalier d'Anguilhem, reprit le laquais.

— Le chevalier d'Anguilhem, reprit le jeune homme en paraissant rappeler ses souvenirs; je ne le connais pas.

— C'est vrai, monsieur, répondit Roger ouvrant la porte lui-même, et je vous demande un million de pardons d'avoir si mal pris mon temps que d'arriver au moment où vous vous apprêtez à sortir; mais je vous prie de m'indiquer votre heure, et j'aurai l'honneur de revenir.

Tout cela fut dit avec un peu de gaucherie, mais en même-temps avec une certaine dignité qui frappa le marquis de Cretté.

— Point du tout, monsieur, répondit le marquis, et je suis bien à votre service, maintenant comme toujours. Veuillez donc me dire ce qui me procure l'honneur de votre visite.

Ces quelques paroles furent accompagnées d'un salut plein d'exquise politesse.

— M. le marquis, reprit le chevalier, je me présente sous les auspices de M. d'Orquinon votre ami, je crois, et je voulais vous remettre une lettre de sa part.

— Je n'ai pas l'honneur de connaître personnellement M. d'Orquinon, répondit le marquis ; mais il était, je m'en souviens, un des plus intimes amis de mon pauvre père, à qui j'en ai entendu maintes fois parler.

— Allons, allons, se dit tout bas Roger, le marquis aime son père, il ne se moquera pas trop de moi.

Puis tandis que le marquis de Cretté décachetait et lisait la lettre, Roger l'examina à son tour.

C'était un beau et élégant jeune homme de vingt-deux à vingt-quatre ans, un peu petit mais parfaitement pris dans sa taille, et dont la mise eût pu servir de modéle d'élégance, comme son parler, comme son geste, comme sa tournure pouvaient servir de modèle de bon ton; un reste enfin de vieille seigneurie avec le parfum anticipé d'aristocratie nouvelle que devait bientôt faire éclore le règne du régent.

Lorsqu'il eut fini de lire la lettre, il releva les yeux sur le chevalier.

— Hélas ! monsieur, lui dit-il, cette lettre

était adressée au marquis de Cretté mon père, que nous avons eu le malheur de perdre l'an passé; mais je comprends que vous n'ayez pas appris cela en province.

Roger rougit, ce mot de province lui montait au visage.

— Et cependant, monsienr, continua le marquis, je croyais que nous avions envoyé une lettre de faire part à Orquinon; mais la lettre que vous me faites l'honneur de m'apporter me prouve que la mort de M. de Cretté n'a pas été connue là-bas.

Roger rougit davantage encore que la première fois. Ce *là-bas*, lui semblait les antipodes.

— N'importe reprit le marquis, s'apercevant sans doute de l'embarras du jeune homme, n'importe, monsieur d'Anguilhem, le fils remplace le père auprès des amis de notre famille, et puisque vous avez bien voulu venir nous voir, soyez le bien venu; faites donc, je vous prie, état de moi, sans vous gêner aucunement.

— Monsieur le marquis, dit le chevalier, vous me comblez véritablement, je ne suis qu'un pauvre provincial, fort ridicule, je le sens, et fort ennuyeux peut-être, car jamais je n'ai quitté Anguilhem ; mais je saurai, je vous le jure, être reconnaissant de votre gracieux accueil.

— Mais voilà qui me comble à mon tour, monsieur, répondit le marquis en saluant Roger avec une cordialité qui pénétra jusqu'au fond de son cœur. Puis se retournant vers ses amis qui causaient sur le perron, messieurs, leur cria-t-il, venez que je vous présente, s'il vous plaît, M. le chevalier d'Anguilhem, lequel m'est recommandé par l'un des plus fidèles amis de mon père.

Les jeunes gens s'approchèrent et à leur approche, Roger salua avec un mouvement qui ne manquait pas de dignité.

— Nous allions partir pour Saint-Germain, chevalier, dit le marquis,—est-ce que vous êtes libre d'affaires aujourd'hui?— Si vous êtes libre et que notre société ne vous soit pas trop désagréable, nous serons charmés d'être honorés de la vôtre.

— Mais, dit Roger, il me semble, messieurs, que vous alliez partir à cheval.

— Oui, je comprends, dit le marquis, et vous êtes venu en carrosse ou en chaise, de sorte que vous n'avez pas de monture.

— J'ai mon cheval à l'hôtel, dit en souriant Roger; mais je dois vous avouer, dans l'humilité de mon âme, qu'il ferait trop mauvaise figure près des vôtres, pour que je hasardasse mon pauvre Christophe en leur compagnie.

— Comment, de la franchise à ses propres dépens, dit à part lui le marquis; eh bien! mais ce garçon-là n'est pas si provincial que je le croyais.

— Eh bien ! reprit-il tout haut, il y a un moyen d'arranger cela ; il me reste un cheval à l'écurie, que nous avions laissé de côté, vu qu'il est assez difficile à conduire ; vous prendrez le mien, et je monterai Marlboroug. D'ailleurs, vous le savez, messieurs, ajouta en riant le marquis, j'ai une revanche à prendre : Marlboroug m'a traité comme son patron avait l'habitude de traiter M. de Villard ; il m'a jeté l'autre jour les quatre fers en l'air, comme dit notre ami la Guérinière.

— Mais répondit timidement Roger, ne vous dérangez point pour moi, monsieur le marquis.

Le marquis se trompa au sens de la phrase, et s'approchant de Roger :

— Vous montez à cheval, n'est-ce point ? lui dit-il tout bas.

— Mais un peu, monsieur le marquis ; aussi, vous ne m'avez pas compris. J'avais l'honneur de vous dire que vous monteriez votre cheval ordinaire, et que moi, si vous vouliez bien le permettre, je monterais Marlborourg.

— Ah! ah! fit le marquis en regardant Roger avec étonnement.

— Que voulez-vous, dit Roger ; moi, messieurs, je suis un campagnard ; j'ai beaucoup monté à cheval, de sorte que je ne sais pas si c'est que je connais les chevaux ou que les chevaux me connaissent, mais je suis assez solide en selle ; ainsi, ne vous occupez pas de moi, et si ma société ne vous est pas plus désagréable maintenant qu'elle ne l'était tout à l'heure et que vous veuilliez toujours de moi pour compagnon, eh bien! faites seller Marlboroug.

— Ma foi, mon cher chevalier, dit le marquis, je ne veux pas vous en ôter l'honneur : Boisjoli, cria le marquis, à un de ses valets, sellez Marlboroug.

Le valet s'avança vers l'écurie en clignant de l'œil et en tirant la langue à ses camarades, ce qui voulait dire en toutes lettres : — bon, nous allons rire.

— Mais, dit le marquis, vous êtes venu, mon cher chevalier, en bas de soie et en souliers, il vous faudrait au moins des bottes, et surtout des éperons.

— Je puis passer à mon hôtel et en prendre, répondit Roger.

— Où logez-vous ?

— Rue Saint-Honoré.

— Non, ce serait trop long. Rameau d'Or, cria le marquis en s'adressant à un autre valet, allez chercher mon bottier, et qu'il vienne ici avec cinq ou six paires de bottes de cheval, allez.

Le valet sortit.

Maintenant, mon cher chevalier, dit le marquis, il faut que vous sachiez au moins où je vous mène. Nous allons faire une partie de garçons à Saint-Germain. Vous voyez que vous tombez à merveille, car je présume que vous n'êtes pas fâché en passant à Paris d'apprendre comment on s'y comporte ; puis votre éducation faite sous ce rapport, vous le quitterez en emportant vos millions, car il faut que vous sachiez, messieurs, continua le marquis en se retournant vers ses camarades, que M. d'Anguilhem vient, m'écrit-on, à Paris pour y recueillir un mince héritage de quinze cents mille livres.

— Peste, s'écrièrent en chœur les jeunes gens, recevez-en nos compliments bien sincères.

— Croyez-moi, monsieur le chevalier, dit un des jeunes seigneurs avec cette rapide familiarité qui gagne les gens de race, écornez-moi, ferme le magot avant de le remporter en province ; nous vous montrerons comment il faut s'y prendre.

— Ah! pardieu, chevalier, s'écria, le marquis de Cretté, croyez-en d'Herbigny, il est passé maître en cette matière ; il a déjà mangé deux oncles et une tante.

— Ça, dit un autre, quel est le bienheureux défunt qui laisse ainsi un million et demi?

— M. le vicomte de Bouzenois, mon cousin, dit Roger.

— En ce cas, mon cher chevalier, touchez-là, dit un autre, car nous sommes quelque peu parents de la main gauche : c'est moi qui lui ai enlevé sa dernière maîtresse, à ce cher vicomte.

— Votre héritage valait-il le mien? demanda Roger en lui secouant la main.

— Allons, allons, pas mal, dit le marquis de Cretté ; qu'en dis-tu, Tréville?

— Moi, dit Tréville, je dis que M. le chevalier d'Anguilhem fera mentir le proverbe : bête comme un millionnaire, il sera riche et il aura de l'esprit : *Gaudeant bene nati.*

— Amen, dit Cretté; Chevalier, voici vos bottes.

Roger passa avec le bottier dans un petit cabinet de toilette.

— Eh bien! messieurs, dit le marquis en le regardant entrer, convenez que ce garçon n'est point mal du tout pour un provincial et qu'il nous ennuiera moins que nous ne nous y attendions d'abord.

Cinq minutes après, Roger sortit du cabinet botté et éperonné de manière à faire trembler tout autre coursier que Marlboroug.
— En arrivant sur le perron, un des palfreniers lui remit une cravache.

Les jeunes gentilshommes montèrent sur leurs chevaux, et Boisjoli amena Marlboroug.

C'était un admirable bai-brun, à la crinière ondoyante, aux naseaux enflammés, aux yeux sanglants, et sur les jambes fines duquel les veines se croisaient comme un réseau. Roger le regarda en amateur, et comprit qu'il allait avoir là un adversaire digne de lui ; aussi ne négligea-t-il aucune des précautions exigées en pareil cas : il sépara le filet de la bride, rassembla les rênes, s'affermit sur les étriers, puis, quand il se sentit bien en selle, il fit signe à Boisjoli de le laisser aller.

C'était le moment qu'attendait Marlborough. A peine se vit-il libre, qu'il commença à bondir, à se cabrer, à faire des écarts, enfin à exécuter toutes les manœuvres à l'aide desquelles il avait l'habitude de désarçonner son cavalier ; mais cette fois il avait affaire à un maître. Roger le laissa un instant exécuter toutes ses capricieuses incartades, en ce contentant de se lier à ses mouvements de telle façon que cheval et cavalier semblaient ne faire qu'un ; puis, lorsqu'il crut que le moment était venu de mettre fin à toutes ces fantaisies, il commença à faire sentir à sa monture les genoux si fort et si bien, que Marlborough comprit que les choses allaient se gâter pour lui. Alors il redoubla d'efforts ; mais cette fois les éperons et la cravache s'en mêlèrent de telle façon que le cheval commença à hennir de douleur et à jeter l'écume par flocons. Enfin, après dix minutes de lutte désespérée, Marlborough se reconnut vaincu. Roger alors s'amusa à lui faire exécuter quelques cercles comme dans un manége ; puis des changements de pieds, puis des courbettes, puis enfin tout ce qu'avait l'habitude de faire faire aux chevaux les mieux dressés le fameux Laguérinière, le Franconi du temps.

Nos jeunes gentilshommes avaient d'abord vu cet exercice avec la plus grande curiosité, puis ensuite avec le plus grand plaisir. Le marquis de Cretté surtout était tout fier du triomphe de Roger ; aussi quand maître Marlborough fut tout à fait calmé, s'approcha-t-il du chevalier pour lui faire ses compliments, auxquels se mêlèrent en chœur les éloges des autres jeunes gens.

On partit pour Saint-Germain. Tout le long de la route il ne fut question que de l'ennui dans lequel le rigorisme de madame de Maintenon, et les austérités de Louis XIV, plongeaient la France. Cette folle jeunesse donnait à tous les diables la veuve Scarron, qu'on n'appelait jamais que la vieille.

Il y avait bien tout un parti qui se moquait du père La Chaise et de ses augustes pénitents ; c'était lui qui commençait à se réunir autour du duc d'Orléans et à faire de l'opposition contre l'antiquaille ; mais ce parti était bien faible encore ; et comme il était fort mal vu à Versailles, il était un peu bien hasardeux d'avouer tout haut qu'on lui appartenait.

Roger, qui avait été élevé au milieu de cette noblesse de province qui faisait, comme nous l'avons dit, une opposition systématique, se trouvait là comme en famille, et fit assez agréablement sa partie dans le concert de malédictions dont on accablait la favorite ; il enrichit même la conversation de quelques Noëls tourangeaux composés sur le père La Chaise et sur la directrice de Saint-Cyr, par quelques beaux esprits des environs de Loches. Au reste, il crut être fort audacieux, et ne fut que gai.

Mais au milieu de tout cela, ce que Roger admirait singulièrement, c'était la façon dont ces gentilshommes tourmentaient leurs jabots et chiffonnaient leurs manchettes : c'était l'excessive supériorité de la coupe de leurs habits, c'était le choix merveilleux des étoffes dont les couleurs s'harmoniaient si gracieusement entre elles, que cette harmonie lui causait presque de l'effroi ; il ne croyait pas qu'on pût arriver jamais à se pincer si fort la taille, et cependant à porter avec tant d'aisance la veste et l'habit. Malgré cette admiration naïve que Roger ne cherchait même pas à cacher, il n'y eut cependant point un seul brocard dirigé contre lui ; il en était si reconnaissant qu'il en devenait humble et qu'il cherchait toutes les occasions de s'abaisser lui-même ; mais à peine ouvrait-il la bouche pour faire les honneurs de son costume hasardé et de ses manières provinciales, que quelqu'un des jeunes gens l'interrompait avec délicatesse. Son cœur débordait.

Arrivé à Saint-Germain, on fit la carte ; mais comme une heure au moins devait s'écouler avant que le dîner ne fût prêt, monsieur de Cretté proposa un brelan. Roger frémit en entendant cette proposition.

— Hélas, pensa-t-il, ces gens-là jouent au moins à perdre trois ou quatre pistoles. Pauvre Roger !

Il regarda timidement son hôte, qui le comprit aussitôt.

— Messieurs, dit le marquis, le chevalier d'Anguilhem ne connaît peut-être pas très bien notre brelan, cavons-nous seulement d'une vingtaine de louis, afin qu'il ait le temps d'apprendre sans se ruiner.

A l'énoncé de cette galanterie, une sueur froide inonda le visage de Roger.

— La moitié de ce que je posséde, se dit-il à lui-même ; je suis un homme perdu.

Alors en une seconde il comprit toutes les vanités de l'existence : Anguilhem, la Guérite, la Pintade, les économies d'un demi-siècle entassées dans le coffre-fort paternel, tout cela pouvait être mangé en une heure de brelan ; et avec des gens qui jouaient petit jeu encore ; ce n'était point fait, on en conviendra, pour grandir un homme.

Monsieur de Cretté devina que Roger brûlait d'envie de l'entretenir en particulier, il se leva donc tandis qu'on dressait la table de jeu, et passa sans affectation dans la pièce voisine. Roger l'y suivit.

— Ma foi, marquis, dit Roger avec cette franchise qui lui avait tout d'abord concilié l'affection de ses nouveaux camarades, je ne veux pas mentir avec un galant homme ; mon père n'est pas riche, il m'a donné peu d'argent pour mon voyage et je crains...

— De perdre ?

— Non pas, mais de trop perdre.

— Bah ! défaites-vous donc de ces idées-là. Une des qualités d'un gentilhomme est d'être beau joueur.

— Oui, mais pour être beau joueur il ne faut pas perdre plus qu'on ne possède.

— Pourquoi pas ?

— Mais de l'argent ?

— De l'argent ? on en a toujours, si ce

n'est dans ses poches à soi, du moins dans les poches de ses amis.

— Excusez-moi, marquis, je n'aime point à emprunter.

— Vous êtes un enfant, chevalier ; on n'emprunte pas, on joue en l'air ; c'est ainsi que nous agissons, nous autres. Que croyez-vous que nous avons, entre nous tous une centaine de louis, peut-être : mais au fond de la bourse est la parole, chevalier, et la parole d'un gentilhomme vaut une mine d'or. D'ailleurs, lorsqu'on joue entre honnêtes gens comme nous, les chances favorables balancent les chances contraires. Nous jouons toute l'année les uns contre les autres, nous gagnons et nous perdons des sommes folles, et le 31 décembre celui de nous qui a été le plus malheureux n'est pas en arrière de cent pistoles. Jouez donc sans crainte, perdez gaîment, ou je vous préviens que je vous regarde de travers.

— Je ferai tout ce que je pourrai pour conserver vos bonnes grâces, marquis, dit Roger en souriant.

— Alors, revenez sans plus attendre, j'entends sonner l'or.

Le marquis et Roger rentrèrent dans la salle, la table était prête, les jeux disposés. D'Anguilhem perdit ses vingt louis en trois tours.

Pendant cette demi-heure, tout ce que la crainte a de poignantes angoisses serra le cœur du chevalier. Cependant, quoique les muscles de ses tempes tressaillissent un peu, son sourire ne blêmit pas un instant. Le marquis l'engagea à se caver de nouveau.

Le chevalier tira vingt autres louis de sa poche.

Au bout de cinq tours, le chevalier avait regagné ses vingt louis plus quarante autres. Il commença alors à jouer serré.

— Ce cher d'Anguilhem est un véritable accapareur, dit le marquis de Cretté en poussant au chevalier une quizaine de louis qui étaient son reste et que le chevalier venait de lui gagner avec un brelan de valets. Il vient à Paris pour y chercher quinze cent mille livres, et il voudrait encore emporter notre argent.

Roger comprit la leçon, remercia son ami par un franc sourire et se remit à jouer aussi largement que lorsqu'il perdait.

Mais Roger était en veine, au bout de dix minutes il avait trois cents louis devant lui.

Il faut le dire, si la terreur du chevalier avait été profonde sa joie fut délirante.

On annonça que le dîner était servi. d'Anguilhem remercia intérieurement le ciel qui lui donnait cette occasion de faire ce qu'en terme d'art on appelle Charlemagne. Cretté vit le mouvement de joie qui passa sur son visage, si imperceptible qu'il fut.

— Chevalier, dit le marquis, vous voudriez nous faire croire que c'est le gain qui vous rend spirituel et joyeux, et c'est de la modestie de votre part; mais moi, qui vous connais, je parie que vous allez risquer vos trois cents louis de gain contre d'Herbigny, qui en perd quatre cents, je crois, au premier vingt-et-un qui vous passera par la main.

Ce disant, il fit de l'œil un signe à Roger.

Roger comprit qu'il fallait être gentilhomme et sacrifier de bonne grâce toute cette fortune improvisée : il toussa pour ne pas soupirer et répondit :

— Vous avez raison, marquis ; mais comme un vingt-et-un ne vient pas encore tous les coups, je propose à M. d'Herbigny de jouer trois cents louis l'un contre l'autre, au premier tour et sans voir nos cartes. Nous aurons ce que nous aurons.

— Tenu, dit d'Herbigny.

On donna les cartes ; personne n'engagea le jeu. Les deux partners abattirent : Roger eut vingt-neuf et d'Herbigny trente.

Roger rougit légèrement, mais ce fut tout.

— Voici vos trois cents louis, vicomte, dit-il en souriant.

— Vous êtes un fort beau joueur, monsieur d'Anguilhem, répondit d'Herbigny en s'inclinant.

— Agréez mon compliment, chevalier, lui dit le comte de Chastellux ; vous jouez en véritable gentilhomme.

— Et le mien, dit le baron de Treville.

— Et le nôtre, dirent les autres.

Cretté lui prit la main et la lui serra, puis s'approchant de son oreille, très bien, lui dit-il tout bas, on connaît un homme au jeu et au feu ; tenez-vous toujours comme vous avez fait tout à l'heure, et dans trois mois, vous serez un cavalier accompli.

— Voilà bien des louanges, pensa Roger en se levant, il paraît que j'ai fait quelque chose de très beau : mais dans le trajet de la table de jeu, à la table du dîner, il poussa un gros soupir qui l'étouffait.

Le dîner fut des plus gais : le marquis de Cretté et ses compagnons se piquaient de boire ; mais ils étaient sous ce rapport des enfants près de leur convive provincial. Roger trouva avec un sérieux parfait que les verres étaient petits et le vin faible.

— Têtebleu, dit d'Herbigny, vous êtes aussi beau joueur que beau cavalier, et aussi beau buveur que beau joueur, il paraît que l'on fait tout bien à Anguilhem.

Roger fut émerveillé de se trouver non seulement égal, mais encore supérieur en quelque chose à ces miracles d'élégance.

Pendant tout le dîner, on parla chasses, amours et batailles : sur les deux premiers points, le chevalier avait assez bon nombre de prouesses à raconter, quoique ses amours ne fussent pas du genre de ceux de ses nouveaux amis. Mais sur le dernier chapitre Roger ne put raconter ni prouesses ni triomphes : jamais il n'avait vu le feu ; jamais il n'avait eu même le plus petit duel ; cela l'humilia fort, et il fit une figure d'auditeur assez désobligeante.

On en était au dessert lorsqu'arriva une seconde compagnie. Ceux qui la composaient étaient aussi bruyants dès leur arrivée que l'étaient le marquis de Cretté et ses convives à la fin du dîner.

— Allons, voilà que nous allons avoir messieurs de Kollinski, dit le marquis de Cretté avec un air de contrariété qui n'échappa point à Roger.

Roger se pencha en dehors de la fenêtre et aperçut quatre gentilshommes, dont deux, superbement vêtus d'un costume étranger, se prelassaient sur le seuil de l'hôtel en faisant grand vacarme.

C'étaient deux gentilshommes hongrois d'une tenue si riche qu'elle finissait par en être extravagante. Leur luxe était insultant même dans cette époque de luxe.

Aussitôt il se fit parmi les premiers venus un grand silence, comme s'ils eussent craint d'autoriser la familiarité des derniers arrivants.

Roger se pencha à l'oreille du marquis.

— Qu'est-ce que MM. de Kollinski? demanda-t-il.

— Deux honorables seigneurs hongrois qui vivent ici à la manière de leur pays, répondit le marquis, en rossant les hôteliers, en maltraitant les laquais, en barrant le chemin aux passants, toutes choses qui seraient charmantes si le duel n'était pas défendu et si cruellement poursuivi. Braves, du reste, il n'y a rien à dire contre eux sous ce rapport.

Roger fit son profit de l'explication. Messieurs de Kollinski entrèrent alors dans la grande salle de l'auberge, et l'on se salua courtoisement de part et d'autre. Mais à peine les premiers compliments furent-ils échangés que le marquis de Cretté se leva, exemple qui fut imité par les gentilshommes de la société, paya l'hôte, et sortit, suivi de Roger et de ses autres compagnons.

Du bas de l'escalier, Roger entendit messieurs de Kollinski rire aux éclats, et les mots *nœud vert pomme* frappèrent plusieurs fois son oreille. Or, Roger portait, comme nous l'avons dit, un nœud vert pomme sur l'épaule ; c'était un ornement de fort mauvais goût, surtout sur un habit bleu de ciel : Roger ne s'en était pas aperçu le matin, mais il le comprit le soir ; il fut donc indigné contre les rieurs et se mit à les détester du fond de son âme : Roger sentit qu'il avait été ridicule à leurs yeux.

M. de Cretté n'avait pas, de son côté, perdu un mot de leurs railleries ; car en montant à cheval :

Mon Dieu! dit-il, que ces messieurs Kollinski sont donc insolents et provocateurs!

Roger devina que la plaisanterie des Hongrois avait été comprise par ses compagnons : il en souffrit cruellement : mais n'ayant rien dit sur le coup, force lui fut de dévorer sa douleur.

Une fois à Paris, Roger remercia bien affectueusement le marquis de toutes ses gracieuses obligeances, demanda à chacun des gentilshommes présents la permission d'aller leur faire visite, et accepta l'offre qu'on lui fit d'une partie de courte-paume pour le lendemain.

— Otez votre nœud vert-pomme, lui dit tout bas le marquis en le quittant, et prenez un nœud ponceau : c'est la couleur à la mode.

Roger eût mieux aimé un coup de poignard que cette délicate attention de son nouvel ami.

— Décidément, pensa-t-il, j'ai été insulté et je n'ai pas demandé satisfaction de l'insulte. Serais-je donc un homme sans cœur?

II.

Comment le chevalier mit à profit les leçons d'escrime que lui avait données le baron d'Aguilhem, son père.

Cette idée empêcha Roger de dormir pendant toute la nuit ; il envisageait l'aventure de cent façons différentes ; il ruminait mille arguments en sa faveur ; mais le résultat de tout cela était qu'on l'avait raillé et qu'il l'avait souffert. Ce souvenir gâtait toute cette journée de la veille, si brillante cependant pour lui. Cette pensée, jointe aux renseignements donnés par M. Coquenard, sur l'état du procès, n'était point faite pour compléter une bonne nuit; aussi Roger, après avoir dormi une heure ou deux, se réveilla-t-il de fort mauvaise humeur.

Cependant, comme la veille il avait appris la valeur d'un habit élégant, avant de prendre le chocolat il fit venir un tailleur et lui commanda, pour dix heures du matin, un costume complet du meilleur goût qui pût se trouver. A dix heures le tailleur fut chez roger avec un habit de taffetas chatoyant, à parements brodés d'argent, avec une veste de soie gris de lin, brodée de même, et culotte pareille à l'habit; le reste de la toilette fut complété par une cravate de points de Malines, des bas à coins brodés et des boucles neuves; une épée, plus riche que celle de la veille, et parfaitement affilée, retroussait cavalièrement la basque gauche de son habit.

Alors il avoua franchement ses craintes au tailleur, sur la manière de porter galamment toutes ces belles choses ; celui-ci, qui était un homme d'art, lui donna les avis les plus précieux. Roger voulut les mettre à l'instant même à exécution : marcha, tourna, vira devant son professeur ; lequel finit par déclarer qu'il était parfaitement satisfait de la manière dont le chevalier se caressait le menton et jetait son chapeau sous le bras gauche: c'était le principal. Roger paya le tailleur et le congédia, un peu distrait déjà des mauvaises idées qui l'avait préoccupé toute la nuit. Il partit donc d'un pas allègre pour la rue de Vaugirard, où était situé le jeu de courte-paume.

Une seule chose manquait à la satisfaction de son amour-propre, c'était d'être vu ainsi vêtu par Constance : Ce regret lui était d'autant plus vif qu'il produisait évidemment une grande sensation sur tous ceux qu'il rencontrait, sensation démontrée par le mouvement que ceux-ci faisaient en se retournant et en le suivant des yeux; en effet personne ne pouvait comprendre où allait ainsi à dix heures du matin, vêtu comme pour une noce, ce beau jeune homme qui avait l'air si content de lui.

Roger arriva le premier au rendez-vous : les marqueurs lui firent de profondes révérence qui lui parurent de bonne augure. C'était la première fois que Roger voyait un jeu de courtepaume; il avait cru se trouver dans un Louvre, il était dans un grenier ou à peu près.

Ce qui n'empêchait pas, tant le caprice était déjà chose puissante dans la capitale du monde civilisé, que ce jeu de paume ne fût le plus fréquenté de Paris.

Roger profita de l'isolement qu'il devait à sa trop grande exactitude pour demander aux marqueurs quelques renseignements théoriques sur la marche du jeu et quelques leçons pratiques sur le même jeu; comme il avait l'intelligence vive, il comprit à l'instant même la marche de la partie; et comme il avait le coup-d'œil juste et le poignet solide, il tira assez droit pour un commençant.

Sur ces entrefaites, les nouveaux amis de Roger arrivèrent : la stupéfaction du chevalier fut grande; — ils étaient en culottes du matin et en robes de chambre. —Hélas! le pauvre chevalier avait encore beaucoup à faire pour être parisien.

Le marquis de Cretté s'aperçut de son étonnement.

— Nous demeurons dans le quartier, dit-il, ce qui fait que nous venons ici en voisins.

— Moi, dit Roger, j'avais quelques visites à faire en vous quittant, de sorte que je me suis habillé d'avance.

— Vous auriez mieux fait de venir en négligé, dit le marquis, vous vous seriez fait conduire chez vous en sortant d'ici ; ce costume vous gênera fort.

— Je ne m'attendais pas à pouvoir faire votre partie, dit Roger, en se mordant les lèvres. Je ne connais pas le jeu, et...

— Eh bien, dit le marquis, nous allons peloter un peu pour nous mettre en haleine, et vous donner une idée de la chose, puis nous régulariserons une partie.

En ce moment un bruit de mauvais augure retentit dans l'antichambre. Plusieurs voix résonnèrent, parmi lesquelles Roger crut reconnaître la voix qui avait raillé la veille le nœud vert-pomme : le chevalier eut comme un pressentiment.

En effet, presque aussitôt, MM. de Kollinski entrèrent avec leurs deux compagnons de la veille : une sueur froide perla sur le front de Roger.

— Hâtons-nous de nous mettre en place,

dit le marquis, ou il nous faudrait disputer avec ces bravaches à qui appartiendra le jeu.

Le marquis mit bas sa robe de chambre, ses amis en firent autant ; Roger, de son côté, se dépouilla de son habit, de sa veste et de son épée.

La partie s'engagea.

Roger commença par faire quelques-unes de ces gaucheries inséparables de l'apprentissage d'un jeu si difficile, et cela au milieu des rires de la galerie. Mais peu à peu son jeu se régularisa. En général, tous les exercices du corps se suivent: Roger, apte aux choses de force et d'adresse, faisait des progrès visibles ; d'un autre côté, la vigueur de son poignet causait l'admiration de ses nouveaux amis ; ses balles sifflaient comme des boulets de canon, et il fallait réellement être fort brave pour tiercer contre lui.

Les jeunes gentilshommes s'amusaient fort

à voir se déployer les ressources presque improvisées de cette puissante nature. Tantôt pour saisir la balle au-dessus de sa tête, Roger bondissait à faire croire qu'il avait un tremplin sous les pieds, tantôt pour arriver à temps, Roger s'élançait en avant ou se rejetait en arrière, avec une force de jarret et un calcul des distances prodigieux dans un commençant; ses amis ne tarissaient pas en éloges. Roger s'exhaltait.

La galerie paraissait moins s'amuser : MM. de Kollinski étaient venus aussi pour jouer, de sorte qu'ils trouvaient que la partie du marquis de Cretté se prolongeait un peu bien longtemps à leur gré. Cela fit, que par manière de passe-temps, et tandis que son frère ricanait avec son impertinence ordinaire, M. de Kollinski l'aîné, se mit à jeter les balles dans les blouses.

Comme la chose se passait du côté du marquis de Cretté, ce fut à lui que la chose parut particulièrement désagréable.

Cependant le marquis de Cretté s'impatientait de plus en plus et donnait à son jeu d'autant moins d'attention qu'il s'impatientait davantage, de sorte qu'il commença à perdre.

Le marquis de Cretté était beau joueur quand il perdait par sa faute ou par la faute des gens qu'il aimait ; mais il avait la tête vive lorsqu'il perdait par la faute des autres et que les autres étaient des gens qu'il n'aimait pas. Aussi, à une nouvelle balle blousée par M. de Kollinski, le marquis de Cretté perdit patience.

— Parbleu, monsieur, dit-il en se retournant vers le blouseur, vous me blousez mes balles et vous me faites perdre. Cela vous amuse probablement, mais moi cela ne m'amuse pas.

— Alors, marquis, je blouserai celles de

monsieur, dit le Hongrois en passant du côté de Roger.

Roger jeta sur le marquis de Cretté un regard interrogateur auquel le marquis répondit par un coup-d'œil significatif.

— Et vous aurez raison si monsieur le permet, dit le marquis de Cretté.

— Oui! mais je ne le permettrai pas, dit Roger avec un battement de cœur indicible, en faisant cependant quelques pas vers M. de Kollinski.

— Tiens, dit le Hongrois, c'est l'homme au nœud vert-pomme; pourquoi n'avez-vous plus votre nœud, mon ami?

Roger sentit le sang monter à ses tempes, et cependant il était comme cloué à sa place.

Il eût voulut répondre à M. de Kollinski, mais sa langue était paralisée.

— M. d'Anguilhem n'a plus son nœud vert

pomme c'est vrai, dit le marquis de Cretté, mais il a une épée neuve.

Ces quelques mots furent l'étincelle qui met le feu à un baril de poudre.

Roger s'avança jusqu'à M. de Kollinski, et le saluant gravement :

— Oui, monsieur, une épée neuve, dît-il, que j'aurai l'honneur de vous passer au travers du corps, si cela peut vous être agréable.

Tous les assistants éclatèrent de rire, en entendant la singulière provocation de Roger. Monsieur de Kollinski voulut répondre bruyamment comme c'était sa coutume, mais le vicomte d'Herbigny s'était avancé à son tour; il rapprocha un doigt de sa bouche :

— Messieurs, dit-il, rien devant tout ce monde, je vous en prie; nous nous retrouverons.

Les Hongrois saluèrent, retournèrent au fond de la salle et se mirent à ricaner entre eux.

— Eh bien! dit le marquis à demi-voix à Roger, qui, après que le sang lui avait porté au visage, devenait très pâle, qu'avez-vous donc, chevalier? on dirait que vous allez vous trouver mal.

— Non monsieur, mais je suis un peu ému.

— Cette émotion vous empêcherait-elle de vous battre si nous avions besoin d'un quatrième?

— M'empêcher de me battre, moi! répondit Roger, qui se souvint des instructions de son père; je me battrai dix fois s'il le faut, et contre dix personnes, si vous le jugez convenable. Mais il se passe quelque chose en moi de plus fort que moi, et je tremble: c'est de la colère, je pense.

Le marquis sourit de la naïveté avec laquelle le chevalier traduisait ses sensations.

— Avez-vous de l'escrime? lui demanda-t-il.

— Mais oui, un peu.

— Quel est votre maître?

— C'est mon père qui me l'a apprise.

— Diable! vous ne savez peut-être pas grand'chose alors.

— Je crois que je puis me défendre.

— Si vous saviez seulement tirer l'épée comme vous montez à cheval!

— Mais j'espère être au moins de la même force à l'un qu'à l'autre de ces exercices.

— Vraiment?

Oui, mais je n'ai fait d'armes qu'avec des fleurets.

— De sorte que vous ne savez pas comment vous vous battrez, une fois sur le terrain?

— Je sais que je me battrai, voilà tout, et sans reculer d'une semelle, je vous le promets.

— Ah! si vous le promettez, dit le marquis, je suis parfaitement tranquille.

— Je vous le promets.

— Très bien.

Le marquis remit sa robe de chambre, ajusta son col, et alla trouver les deux frères qui étaient assis sur les bancs des marqueurs avec deux de leurs amis, et qui se levèrent à son approche.

Ces messieurs échangèrent les compliments d'usage : MM. de Kollinski étaient redevenus pafaitement polis: c'était tout simple, on allait se battre.

On prit rendez-vous pour quatre heures, et l'on convint de se trouver derrière le couvent des Filles-du-Saint-Sacrement.

Nos quatre jeunes gens revinrent à l'hôtel du marquis de Cretté.

— Ma foi, messieurs, voici une fâcheuse affaire, dit le marquis, en rentrant au salon en se jetant sur un canapé et en faisant signe à ses compagnons d'en faire autant.

— Pourquoi cela ? demanda d'Herbigny.

— Dam ! mon cher vicomte, c'est que ces

messieurs de Kollinski ont voulu absolument se battre quatre contre quatre.

— Eh bien, ne sommes nous pas quatre? dit Tréville.

— Sans doute, baron; mais, pour le second jour que nous nous trouvons ensemble, j'aurais voulu tirer le chevalier de cette algarade.

— Et pourquoi moi plutôt qu'un autre ? demanda Roger.

— Parce que, mon cher chevalier, une première affaire. c'est une première affaire...

— Ah çà, mais vous autres Parisiens, dit Roger, auriez-vous trouvé par hasard, moyen de commencer par la seconde?

— Non pas encore. C'est vrai, dit Cretté en riant.

— En ce cas, faites état de moi, je vous prie, monsieur, reprit le chevalier ; et s'il ne s'agit que de recevoir un coup d'épée, j'en vaux bien un autre, que diable!

— Allons, allons! voilà qui est parler, ce me semble, dit d'Herbigny.

— Moi, je réponds du chevalier, dit Tréville.

— Chevalier, si vous en revenez, dit Cretté, vous serez mon ami... Mais, ne vous abusez pas; ces messieurs Kollinski sont des bretteurs distingués; ils se battent là-bas avec des rapières du temps de Charles IX.

— Eh bien! que voulez-vous, marquis, on tâchera, si terribles qu'ils soient, de faire leur partie.

— Soit donc, mais vous voilà prévenu. Il est encore temps de vous retirer honorablement, chevalier, et à défaut de vous, nous aurons recours à Clos Renaud, qui est une jolie lame.

— Vous me chagrineriez fort en répétant ce que vous venez de dire, marquis. Je suis à vos ordres ainsi qu'à ceux de nos Hongrois.

— Eh bien !messieurs, à ce soir quatre heures, dit Cretté. Faisons nos testaments, car selon toute probabilité cela chauffera. Venez avec moi, Roger, je vous donnerai une bonne épée, vous n'avez là qu'une poignée.

Le marquis prit congé de ses compagnons, et conduisit Roger dans une espèce d'armurerie, où il y avait des épées de toutes forces, avec des montures adaptées à différentes mains.

Roger fit son choix en amateur; il prit une jolie brette, ni trop longue ni trop courte, ni trop lourde ni trop légère; [un carlet aigu comme une aiguille, qui allait en s'élargissant à quatorze ou quinze pouces de la poignée, de manière à donner de la force à la parade.

Le marquis suivait avec la plus grande attention le choix que faisait le chevalier.

— Allons, allons, dit-il, je vois que vous avez assez bon goût. Jetez moi dans un coin votre épée, qui n'est bonne à rien, et passez-moi celle-ci à sa place. Bien! A ce soir, derrière le couvent des Filles-du-Saint-Sacrement. Vous savez?

— Parfaitement.

— D'ailleurs, attendez-moi; je vous prendrai en passant. Ou plutôt, tenez, soyez ici à deux heures, nous mangerons un morceau ensemble.

— Vous me comblez, marquis.

— Allons, allons, ne nous servons pas de ce verbe-là, il n'est pas de mise entre amis, et il sent son Loches de six lieues.

Une fois rentré à l'hôtel et enfermé dans sa chambre, Roger fit des réflexions fort lugubres. Ce mot de testament qu'avait en manière d'avis lâché le marquis de Cretté, lui trottait par la tête. — Pardieu, disait-il, ce serait une chose bizarre si j'arrivais de Loches à Paris juste pour me faire tuer.

Là-dessus le chevalier appuya son coude sur une table, laissa tomber sa tête dans sa main, et se mit à penser à Constance, à sa mère, au baron, à ce bonheur du pays natal, si calme, si pur, si réel, et cependant qu'on n'apprécie que lorsqu'on en est éloigné, dont on ne sent la réalité que lorsqu'il vous manque ; puis il écrivit quelques pages à Constance, à son père et à sa mère, pleurant fort naïvement à mesure qu'il écrivait.

Il pleura tant qu'il finit par ne plus pleurer ; d'ailleurs, il faisait un ciel magnifique : le soleil dardait à travers les barreaux de la fenêtre un grand rayon dans lequel se jouaient des millions d'atomes ; la mort est moins laide par un beau temps : on a remarqué qu'il y avait beaucoup plus de gens braves en août qu'en décembre.

Roger secoua donc la tête, prit l'épée du marquis, la sortit du fourreau : elle pesait à peine, à sa main robuste, comme un fleuret. Il tira au mur, figura quelques contres de quarte et quelques contres de tierce très serrés et très rapides ; bref, il finit par être assez content de lui, convaincu qu'il était qu'il n'avait rien perdu de sa force, quoique depuis près de dix-huit mois il n'eut pas touché un fleuret.

A deux heures il sortit et regagna l'hôtel du marquis. Cretté l'attendait dans la salle d'armes avec d'Herbigny et Tréville.

Une table était dressée : il y avait sur cette table des côtelettes, un pâté et deux bouteilles seulement de vin vieux.

A cette vue, le chevalier déclara que, n'ayant pris que son chocolat à neuf heures du matin, il mourait littéralement de faim.

Les trois autres jeunes gens firent chorus.

Le repas fut aussi gai que si l'on eût dû aller à l'Opéra en sortant de table. De temps en temps seulement, le chevalier sentait un mouvement nerveux qui lui pinçait le cœur; mais ce mouvement n'était que passager et n'avait pas l'influence de faire disparaître le sourire de ses lèvres.

On resta une heure à table, mais on ne but pas un verre de vin de plus que les deux bouteilles. Les quatre amis s'embrassèrent au dessert.

—Ecoutez chevalier, dit d'Herbigny, qui était celui des jeunes gentilshommes composant la société du marquis de Cretté qui passait pour la meilleure lame, il m'a été facile de voir hier quand vous avez monté Malboroug, et aujourd'hui, quand nous avons joué à la paume, que vous avez un jarret de fer et un bras d'acier : fouettez sur ce moricaud de Kollinski, car je crois bien qu'il voudra avoir à faire à vous, et c'est tout naturel, puisque c'est vous qui avez eu la galanterie de lui offrir de lui passer votre épée au travers du corps. C'est un dégageur, un faiseur de feintes. Cassez-lui le poignet en rompant, ensuite vous aurez bon marché de lui.

—A mon second duel, répondit le chevalier, je romprai peut-être, car, comme me le disait toujours mon père, rompre, n'est pas fuir; mais au premier, je ne reculerai pardieu pas d'une semelle, et pour en être certain, je vous préviens que s'il y a un mur je me mets contre lui.

— C'est cela, pour qu'il vous cloue comme un papillon à une boiserie; pas de forfanterie, mon cher; songez que quand il aura fini avec vous, il nous tombera sur le dos.

—Je tâcherai de lui donner assez de besogne pour qu'il ne vous dérange pas dans vos petites affaires, dit Roger.

— Amen! répondit d'Herbigny.

— Amen! répétèrent Cretté et Tréville.

Tous trois prirent leurs épées; le chevalier n'avait pas quitté la sienne; puis ils montèrent en voiture.

Arrivé au coin du couvent des Filles-du-Saint-Sacrement, Cretté tira le cordon : le cocher s'arrêta, un petit jockei auprès de lui descendit et ouvrit la portière.

—Tu vas attendre ici, Basque, dit le marquis, tout en regardant ce qui se passera, vu que nous aurons probablement encore plus besoin de la voiture pour nous en retourner que pour venir.

Les quatre jeunes gens sautèrent à terre.

— Eh bien! comment vous trouvez-vous, Roger? dit le marquis.

— Moi, je me trouve à merveille, et pour faire honneur à la compagnie dans laquelle je me trouve, je me battrais avec le diable en personne.

Une seconde voiture arriva. Les quatre adversaires de nos jeunes gens en descendirent C'étaient MM. de Kollinski, un Saxon nommé le comte de Gorkaün, et un officier de chevau-légers nommé M. de Bardane.

Ils s'approchèrent du marquis de Cretté et saluèrent.

Les choses arrivèrent à l'égard de Roger comme l'avait prévu d'Herbigny. Kollinski l'aîné voulut absolument se battre contre lui, et comme Roger, de son côté, désirait se battre avec Kollinski, la discussion ne fut pas longue.

Le reste du jeu se noua ainsi :

Le marquis de Cretté eut affaire à Kollinski le jeune ; d'Herbigny s'accommoda de M. de Bardane ; et Tréville du Saxon.

On se mit en garde, et comme d'un moment à l'autre on pouvait être dérangé, on croisa immédiatement le fer.

Le marquis de Cretté reçut un coup d'épée qui lui traversa le poignet ; d'Herbigny tua raide M. de Bardane, et Tréville fut tué par le comte de Gorkaün.

Quant à Roger, il tirait, sans s'en douter, l'épée de première force ; comme il l'avait dit, il ne recula pas d'un pas. Seulement il se fendit trois fois sur son adversaire ; la première, sur un coup droit, et il lui perça la joue ; la seconde, sur une riposte, et il lui troua la gorge ; la troisième, sur un dégagement, et il lui creva la poitrine.

M. de Kollinski l'aîné tomba.

— Peste, dit Cretté qui s'était assis sur l'herbe, quel bélier que ce gros garçon là, il enfoncerait un mur.

En voyant tomber son frère, M. de Kollinski jeune s'élança sur Roger, mais d'Herbigny lui barra le chemin.

— Un instant, monsieur, dit d'Herbigny au Hongrois. C'est moi, si vous le voulez bien, qui aurai l'honneur de vous accommoder de la même façon dont mon ami Roger a accommodé monsieur votre frère.

Et sur ce, il écarta Roger qui persistait, prétendant que puisqu'il avait commencé avec la famille, c'était à lui de continuer avec elle ; mais il n'eut pas le temps de poursuivre la discussion.

Le Saxon vint à lui.

— Bardon, mon ger monsieur, lui dit-il ; mais che né feux bas que nous resdions les pras groisés.

— Eh bien alors dégroisons les bras, répondit Roger, en se remettant en garde.

— Alerte, alerte, messieurs, cria Cretté, voici Basque qui nous fait signe qu'il nous arrive quelqu'un.

— Attendez, attendez, dit Roger, me voilà.

Il se fendit et traversa l'épaule du comte de Gorkhaün.

— Monsieur, lui dit gravement celui-ci, che vous remercie, et si chamais vous fenez à Dresde je serai pien enchanté de vous y recevoir.

— Monsieur, dit Roger sensible au compliment, vous pouvez compter que ce sera pour vous ma première visite.

Les deux adversaires se saluèrent.

Pendant ce temps-là Kollinski jeune et d'Herbigny faisaient coup fourré ; d'Herbigny perçait la hanche de Kollinski, et Kollinski lui égratignait la cuisse.

La voiture s'était approchée au galop, sur l'invitation du marquis de Cretté; Basque et le cocher de M. de Kollinski, mirent en face l'un de l'autre M. de Bardane et le vicomte de Tréville, afin qu'on crût qu'ils s'étaient tués mutuellement; on porta Kollinski aîné qui n'était pas mort tout à fait dans sa voiture; son frère et le Saxon montèrent près de lui, et la voiture partit au galop. De leur côté Cretté, d'Herbigny et Roger s'élancèrent allégrement dans leur carrosse, et leurs chevaux les emportèrent ventre à terre.

— Mon cher chevalier, dit le marquis, je vous demande votre amitié et vous offre bien sincèrement la mienne.

— Et moi aussi dit d'Herbigny.

—Vous me comblez, répondit le chevalier.

— Roger, Roger, dit le marquis, vous savez bien qu'il était convenu que vous ne me diriez plus ce mot-là. Sacredieu, que mon poignet me fait mal

— Et ce pauvre Tréville, dit d'Herbigny, moi qui lui devais deux cents pistoles.

— Que veux-tu, mon cher, dit le marquis; c'est un compte réglé.

Et tous trois rentrèrent à l'hôtel du marquis de Cretté, d'où d'Herbigny et Roger ne sortirent qu'à la nuit.

III.

Comment le chevalier d'Anguilhem fit connaissance avec le fils de l'Indienne et de quel caractère il le trouva.

Toutes ces aventures s'étaient passées avec la rapidité d'un songe.

Roger avait eu le temps de vivre, tout juste, mais à peine avait-il eu le loisir de s'apercevoir qu'il vivait. Il consulta sur ce phénomène d'activité le marquis de Cretté qui lui répondit:

— Mon cher, c'est ainsi que l'on vit à Paris : encore ce soir perdrons-nous notre soirée, du moins moi, que mon poignet empêche de sortir. Mais quant à vous, Paris est grand, vous avez les deux poignets fort sains vous pouvez donc encore employer digement votre temps d'ici à minuit.

— Non, merci, dit Roger, je ne suis pas fâché de rentrer à mon hôtel ; mais du train dont j'y vais et avec les exemples que j'ai sous les yeux, j'espère que dans huit jours je serai un cavalier parfait.

— Je le crois pardieu bien, et depuis deux jours vous n'êtes plus reconnaissable ; mais il y a une chose vraiment plus pressée que les dîners à Saint-Germain, les parties de paume, rue de Vaugirard et les promenades derrière le couvent des Filles-du-Saint-Sacrement : c'est votre procès, et je vous conseille de vous en occuper.

— C'est bien mon intention, dit d'Anguilhem et dès demain je me mettrais en course.

— Vous savez, mon cher, que j'ai pour toutes vos affaires ou un carrosse ou un cheval à votre disposition : faites-moi seulement savoir le matin votre heure et votre désir, et l'un ou l'autre seront chez vous à votre choix.

— Et croyez-vous que je gagnerai mon procès ? dit Roger.

— Ah dam! mon cher, vous m'en demandez beaucoup plus long que je n'en sais ; si vous me demandiez si vous dompteriez Bucéphale, je vous répondrais oui ; si vous me demandiez si vous embrocheriez Berthelot et Boisrobert, c'est-à-dire, nos deux premiers maîtres d'armes, je vous répondrais, c'est bien possible ; mais, peste ! cher ami, on n'adoucit pas un juge comme on dompte un cheval ou comme on tue un homme : il y a les procureurs, les huissiers, les conseillers, les présidents, ceux des caisses, ceux des recouvrements, un monde de bonnets carrés, un enfer peuplé de coquins noirs ; il faut d'abord tâcher de savoir les noms de tous ces gaillards-là ; puis vous me les direz, puis nous tâcherons de séduire les uns avec des belles paroles, et de gagner les autres avec de l'argent.

— Pour les belles paroles c'est très bien, dit Roger, et je suis en fonds pour cela ; j'ai fait ma rhétorique avec l'abbé Dubuquoy, qui est un garçon d'esprit et ma philosophie avec les jésuites d'Amboise ; mais pour l'argent, c'est autre chose ; mon père m'a donné cinquante louis pour six mois, et depuis deux jours que je suis à Paris, j'ai déjà mangé vingt pistoles.

— Eh bien ! mais mon cher, je vous l'ai dit, entre gentilshomme il ne faut pas s'inquiter de ces choses-là. Fouillez à ma bourse : j'ai une soixantaine de mille livres de rentes que j'aurais peine à manger si je n'avais pas un intendant. Prenez, mon cher, prenez, vous me rendrez tout cela quand vous serez millionnaire.

— Et si je perds mon procès, dit Roger.

— Eh bien ! que voulez-vous chevalier, il ne faudra pas vous pendre pour cela. Nous prendrons ce qui vous restera d'argent. Nous irons faire une séance dans un tripot. On ne peut pas toujours perdre : la fortune vous devra une revanche, elle vous la donnera.

— Tout cela est fort précaire, mon cher marquis, et je vous avoue que je ne vois pas l'avenir couleur de rose.

— Ah ! oui, cela me paraît encore juste, plaignez-vous. Eh bien ! que diront Bardane et Tréville, si vous n'êtes pas content ? A propos, mon cher, si l'on vous interroge sur eux, ne manquez pas pas de répondre qu'ils se sont pris de querelle au jeu depaume et qu'ils se sont enferrés tous deux. Si quelque curieux veut savoir d'ou vous tenez cela, dites que c'est moi qui vous l'ai dit.

— Très bien, dit Roger en se retirant.

— Un mot encore, envoyez savoir demain matin chez M. de Kollinski s'il est mort ou vivant. Vous lui devez bien cela. S'il est mort, bon soir, tout est fini. S'il n'est pas mort envoyez-y chaque jour jusqu'à ce qu'il soit trépassé ou guéri. N'avez-vous pas aussi quelque peu égratigné le Saxon ?

— Je crois lui avoir passé mon épée à travers l'épaule.

— Ah! vous croyez! Eh bien ! faites d'une pierre deux coups, et envoyez chez lui en même-temps.

— Mais leurs adresses ?

— Petitpas vous les portera demain matin.

— Qu'est-ce que Petitpas ?

— C'est mon coureur.

— Allons, bonne nuit, marquis.

— Merci du souhait ; mais j'en doute. Mon poignet me fait un mal de possédé. Cet animal de Kollinski ne pouvait pas me donner un coup d'épée ailleurs ! Quelles brutes que ces Hongrois ! Allons, bonsoir, cher ami; vous savez qu'à compter d'aujourd'hui, c'est entre nous à la vie, à la mort.

Roger, tout en regagnant son hôtel songeait qu'il avait sinon tué, du moins fort maltraité un homme dans la journée, et il s'étonnait, malgré les commandements de Dieu et de l'église, qui ordonnent d'aimer son prochain comme soi-même, il s'etonnait, dis-je, de ne pas éprouver une grande somme de remords.

Il y a plus; quand il avait vu tomber M. de Kollinski, bien loin d'en éprouver un regret quelconque, il en avait ressenti une joie des plus vives, tant il est vrai que le sentiment de sa propre conservation l'emporte sur tous les autres sentiments.

Cependant une chose rassura Roger sur la mauvaise idée qu'il commençait à prendre de lui-même ; c'est qu'à peine avait-il été question entre les deux jeunes gens, du pauvre Tréville, qui avait été tué, si ce n'est, que, comme nous l'avons dit, d'Herbigny, s'était rappelé après sa mort qu'il lui devait une centaine de louis, circonstance qui ne serait peut-être pas si fidèlement revenue à sa mémoire si Tréville eût vécu.

Et cependant Cretté et d'Herbigny étaient liés avec Tréville depuis dix ou douze ans.

Mais en échange Tréville avait sans doute un père, une mère, une maîtresse que cettte mort allait mettre en grand deuil. Roger frissonna en songeant que lui aussi avait tout cela, et qu'il eût été fort possible qu'à l'heure ou il faisait ces réflexions philosophiques ce fût lui, Roger, qui fut couché à la place de Tréville.

Cette pensée fit doubler le pas au chevalier car il avait grande hâte d'écrire à Anguilhem et d'épancher à l'endroit de tout ce qu'il aimait les sentiments dont son cœur était plein.

Roger écrivit effectivement à son père et à sa mère; il était si heureux, que sa joie débordait à flots. C'est une si belle chose que de vivre quand on a été près de mourir, et qu'au bonheur de la conservation se joint l'orgueil du triomphe! Puis, quelque chose de plus encore venait rassurer Roger; il n'aurait plus, à l'avenir, ce battement de cœur qui est l'indécision du brave : il savait sa force, et on la savait.

Il supplia sa mère de ne pas oublier qu'après l'amour qu'il portait à elle et à son père, le seul et unique sentiment de son cœur était pour mademoiselle de Beuzerie; il la pria de faire savoir dans le pays, qu'admis dans l'intimité du marquis de Cretté, il avait déjà commencé à mener bon train à Paris. Puis il détailla ses costumes, glissa quelques mots de sa réputation naissante, et demanda si les cinquante autres louis ne pourraient pas arriver bientôt. Enfin, venait un post-scriptum d'une page et demie pour Constance.

Dans sa lettre au baron, — car le chevalier eût regardé comme un sacrilége de confondre les choses de cœur avec les affaires d'argent, — dans sa lettre au baron, Roger expliqua longuement les appréhensions de M⁰ Coquenard; il dessina la position critique où le procès engageait la petite fortune des d'Anguilhem, et comme au fond, le présomptueux, convaincu que rien ne lui pouvait plus résister ne doutait pas du gain de l'affaire, il se plut à en exagérer les difficultés pour paraître un vainqueur encore plus brillant.

Le *post-scriptum* de cette seconde lettre fut consacré à Christophe, lequel se reposait et vivait grassement dans l'écurie de la Herse-d'Or.

Cependant la cause qui avait amené Roger à Paris s'instruisait : M. de Bouzenois était mort d'une attaque d'apoplexie, sans rien témoigner ni par paroles, ni par écrit, de ses intentions, car le digne gentilhomme croyait encore avoir dix ou douze bonnes années à vivre. Son hôtel, situé place Louis-le-Grand, était devenu tout à coup désert : le fils de l'Indienne, ainsi appelait-on la femme que le vicomte de Bouzenois avait ramenée d'outre-mer, le fils de l'Indienne, dis-je, s'était présenté pour en prendre possession ; mais comme il n'avait ni titre ni droits établis, les scellés avaient été apposés sur la maison et le séquestre mis sur ses biens.

Roger s'était bien promis de rendre, aussitôt qu'il aurait un instant à lui, une visite à cet hôtel : il profita donc de ce qu'il avait à mettre sa carte chez M. de Kollinski, lequel demeurait rue des Capucines, et chez M. le comte de Gorkaün, qui demeurait du côté de la Ferme-des-Mathurins, pour s'arrêter en passant, devant sa future propriété.

Il la reconnut à l'herméticité avec laquelle portes et fenêtres étaient fermées; c'était un grand et bel hôte qui pouvait valoir à lui seul trois cents mille livres, prix énorme pour cette époque. Roger remarqua un écusson en pierre sur lequel étaient gravées les armes du défunt, et sur lequel il se promit de faire graver les siennes aussitôt que le gain probable de son procès lui permettrait cette petite satisfaction d'amour-propre. Bref, il s'approchait et s'éloignait de l'hôtel pour le voir sous tous ses aspects, lorsqu'il aperçut un monsieur qui, arrivé à peu près en même-temps que lui, opérait les mêmes manœuvres que lui, d'un air aussi préoccupé que lui ; cela fut cause qu'il examina plus attentivement ce monsieur.

C'était un homme auquel il était à peu près impossible d'assigner un âge fixe, quoiqu'il fut évident qu'il eût de vingt-cinq à quarante années; une teinte jaune-orangé était répandue sur toute sa personne et s'infiltrait jusque dans le blanc de ses yeux; il avait les dents petites et blanches, les cheveux d'un noir de jais, un habit galonné sur toutes le coutures et de la couleur la plus éclatante, deux chaînes de montres et des diamants à tous les doigts; de l'autre côté de la rue l'attendait un grand carrosse doré, sur le siége duquel était assis un cocher encore plus jaune que lui; près de la portière se tenait, en costume de Lascar, un valet encore plu s jaune que le cocher.

En même-temps que Roger parut remarquer cet étrange personnage, celui-ci, de son côté, parut remarquer Roger, tous deu x reportèrent successivement et plusieurs fois de suite leurs regards de l'hôtel sur eux-mêmes et d'eux-mêmes sur l'hôtel, puis, la grande porte du susdit hôtel s'étant entr'ouverte pour donner passage à une espèce d'huissier vêtu de noir, les deux amateurs se précipitèrent en même-temps vers la porte et plongèrent leurs tête par l'ouverture, et cela avec tant de précipitation que leurs têtes se rencontrèrent.

Roger qui était fort poli fit des excuses à l'inconnu; quand à l'inconnu il fit entendre une espèce de grognement sourd qui pouvait se traduire par ces mots : — Diable, voilà un gaillard qui n'a pas la tête tendre. — Puis tous deux s'exclamèrent en même-temps :

— C'est, par ma foi, un fort bel hôtel.

— N'est-ce pas, monsieur? dit Roger.

— C'est mon avis, répondit l'inconnu.

— Et quand on aura fait arracher l'herbe

qui commence à pointiller dans la cour....

— Quand on aura fait donner une couche de couleur aux contrevents et aux portes....

— Quand tout cela sera animé le jour par de beaux carrosses et de beaux chevaux....

— Illuminé la nuit par mille lumières....

— J'aurai, ma foi, un des plus magnifiques hôtels de Paris, dit Roger.

— Pardon, monsieur, dit l'inconnu, vous voulez dire que j'aurai un des plus magnifiques hôtels de Paris.

— Non, je n'ai pas dit vous, j'ai dit moi.

— Mais qui êtes-vous donc, vous?

— Je suis le cousin de monsieur de Bouzenois.

— Et moi je suis son beau-fils, monsieur.

— Comment, vous êtes l'Indien ?

— Et vous le provincial?

— Monsieur, dit Roger, le mot n'est pas poli, j'arrive de province, c'est vrai, mais je ne suis pas un provincial pour cela, je suis ami de M. le marquis de Cretté, de M. le baron d'Herbigny, de M. le chevalier de Clos-Renaud, et hier, j'ai donné trois coups d'épée à un Hongrois qui à la tête de plus que vous.

— Eh bien, monsieur, qu'est-ce que cela veut dire?

— Cela veut dire, monsieur, reprit Roger, que puisque que j'ai l'avantage de vous rencontrer, j'aurai l'honneur de vous faire une petite proposition.

— D'accommodement?

— Oui, monsieur, d'accommodement.

— Laquelle? parlez.

— La voici : ce serait de venir faire un petit tour avec moi derrière le couvent des Filles-du-Saint-Sacrement, et comme le jugement des hommes est toujours douteux, de remettre le sort de notre procès, comme le faisaient les anciens chevaliers, au jugement de Dieu.

— Mais c'est un duel que vous me proposez là! s'écria l'Indien, en passant du jaune orange au jaune tendre.

— Si vous me tuez, dit Roger, l'hôtel est à vous sans conteste. Si je vous tue, il n'y a plus de procès.

— Votre serviteur, monsieur, dit l'Indien en regagnant sa voiture. Je suis sur de gagner mon procès et je ne suis pas sur de vous donner un coup d'épée; nous nous en tiendrons donc, si vous le voulez bien, au jugement des hommes.

Et l'Indien remonta dans son carrosse et il partit au grand galop, après avoir fermé jusqu'aux glaces de ses portières.

— Pardieu! dit Roger, voilà un plaisant original.

Et il alla inscrire son nom chez M. de Kollinski, lequel n'était pas encore mort, et chez le comte de Gorkaün, lequel allait aussi bien que le permettait sa situation.

Après quoi il revint prendre des nouvelles du marquis de Cretté, et lui raconta son entrevue avec l'Indien.

Le marquis de Cretté souffrait toujours beaucoup de son poignet, ce qui ne l'avait pas empêché de faire deux ou trois visites du matin, afin de dérouter les gens qui auraient entendu dire qu'il s'était battu et qu'il était blessé. La précaution n'était pas inutile, car le duel de la veille avait fait grand bruit ; mais comme on n'avait pu mettre la main sur personne et que les deux morts avaient gardé le plus profond silence, personne n'était compromis.

Rien n'empêchait donc le marquis de suivre le procès du chevalier et de faire ses visites avec lui.

Il y avait trois juges principaux et un conseiller rapporteur.

Le chevalier et le marquis commencèrent par visiter les juges.

C'étaient trois originaux ayant chacun un goût décidé pour un animal différent : l'un adorait son chat, l'autre son singe, le troisième son perroquet. Le chevalier fut très-aimable avec les trois juges, et le marquis très galant avec les trois animaux ; mais du moment où l'un et l'autre voulurent entamer l'affaire, les juges firent entendre à ces messieurs qu'il leur serait très agréable de parler d'autre chose.

Quant au conseiller rapporteur, c'était un puritain si austère qu'il refusa même de les recevoir

— Peste, dit le marquis au chevalier, ceci me paraît de mauvais augure.

Cependant on apprit un beau matin que l'affaire était évoquée au palais. Deux mois s'étaient passés, car il n'avait pas fallu moins de deux mois pour dresser les procès-verbaux, compléter les inventaires et rechercher les titres respectifs des parties. Pendant ce temps-là, Roger avait ruminé s'il ne vaudrait pas mieux entrer en arrangement avec le fils de l'Indienne. Mais le marquis de Cretté s'opposa à toute ouverture de ce genre, attendu que l'Indien annonçait partout que son affaire n'étaient point douteuse, et qu'il fournirait au tribunal un acte tellement authentique, que MM. d'Anguilhem père et fils seraient honteusement déboutés de leurs prétentions.

En attendant les choses marchaient avec leur leuteur accoutumée. La justice est non seulement aveugle, mais encore elle est boîteuse. Le chevalier éprouvait un dégoût amer pour toutes ces courses dont le but était le Palais et la Sainte-Chapelle. On trouvait tous les huit jours cependant son carrosse ou plutôt celui du marquis de Cretté dans les environs. C'était en général les lendemains des lettres hebdomadaires du baron.

Si Roger n'eût pas été en quelque sorte le commensal du marquis de Cretté, s'il n'eût pas trouvé là tout réuni à la fois, l'ami, le banquier, le conseil, il eût fallu peut-être se résoudre à demander grâce au fils de l'Indienne, qui faisait la guerre avec beaucoup d'argent.

Mais c'était surtout cette malheureuse pièce authentique qui tourmentait Roger. Quant au baron d'Anguilhem, qui voyait dans chaque nouvelle lettre de son fils un nouveau sujet d'inquiétude, il n'en dormait plus. — Tâche, disait-il toujours, de découvrir quelle est cette fameuse pièce, et si c'est une substitution, un testament ou une donation.

Roger cherchait et ne trouvait pas.

Il rassembla son conseil, composé du marquis de Cretté, de l'Herbigny, de Clos-Renaud et de Chastellux, pour savoir ce qu'il y avait à faire. On lui avait indiqué un sieur Veillère, qui se mêlait de toutes sortes de choses abstraites, telles que communication de papiers cachés, jaugeage de caisses fermées hermétiquement, soustraction même d'actes et de titres. Comme on le comprend bien, il n'était pas question de voler cette pièce à la partie adverse, mais de s'en procurer une copie pour la rendre plus controversable aux avocats. D'une voix unanime le conseil des gentilshommes repoussa cette proposition comme déshonorante.

Un jour, d'Herbigny crut avoir trouvé un moyen de concilier les choses. En passant à la porte de la conférence, il reconnut, à la description que lui en avait faite Roger, l'Indien, qui revenait dans son carrosse avec une femme qui avait été autrefois la maîtresse du chevalier, et qui, à cette heure, était, à ce qu'il paraissait, dans les meilleurs termes avec l'adversaire de Roger. En ami dévoué, d'Herbigny crut que le moment était venu de terminer le procès où languissaient la fortune et le repos des d'Anguilhem.

Il fit donc signe au cocher d'arrêter, et s'approcha fort insolemment de la portière, en regardant très fixement la dame, qui était de la Comédie-Française, et qu'on appelait mademoiselle Poussette. Mademoiselle Poussette, qui reconnut le vicomte, et qui l'avait fort aimé, sourit tendrement.

— Pardieu, monsieur et madame, dit d'Herbigny, que diriez-vous d'un petit souper entre nous trois ? Il me semble que nous nous amuserions...

— Je ne vous connais pas, dit aigrement l'Indien, dont l'œil devint tout à fait jaune, et je ne soupe pas avec un inconnu.

— Mais voici madame qui me connaît et qui vous dira que je suis de bonne compagnie. — Poussette, ma chère amie, continua d'Herbigny, faites-moi le plaisir, je vous prie, de me présenter à monsieur...

— Je vous présente monsieur le vicomte d'Herbigny, dit Poussette, en riant elle-même de l'impertinence de son ancien amant.

— Ah! très bien... D'Herbigny... d'Herbigny... dit l'Indien, je me rappelle ce nom-là... Vous êtes un ami de ce petit d'Anguilhem, et vous venez me chercher une querelle d'Allemand, afin de lui procurer la succession de monsieur de Bouzenois... A d'au-d'autres, à d'autres, mon gentilhomme! Mon procureur m'a prévenu de ce cas accidentel!..

— J'ai l'honneur d'être des amis de M. d'Anguilhem qui, par parenthèse, a la tête de plus que vous et moi. Mais c'est me faire une mortelle injure que de me supposer une pareille intention. Ainsi, monsieur, je vous tiens pour un sauvage très impoli, et je vous prie de me dire quel jour et en quel lieu mes seconds pourront conférer avec les vôtres.

— Bon! vous en revenez au même but. Seulement vous prenez un autre chemin, et c'est toujours une bataille que vous me proposez. Eh bien! laissez-moi gagner ma cause, et après nous verrons.

Cette conclusion parut si burlesque à d'Herbigny, qu'il se mit à rire aux éclats.

— Pardieu! dit-il au Malabar, vous êtes un Indien de charmante humeur, et je serai ravi de souper avec vous, rien que pour le plaisir de faire plus ample connaissance. Si vous êtes si gracieux que cela à jeun, vous devez être charmant lorsque vous êtes ivre.

— Autre manière d'hériter, dit l'Indien; vous m'empoisonneriez. Merci.

— Ah! vous êtes un buffle, dit mademoiselle Poussette, et je ne veux pas rester une seconde de plus dans votre carrosse. Ouvrez-moi la portière, vicomte ; je soupe avec vous, moi.

D'Herbigny ouvrit la portière, et mademoiselle Poussette sauta sur le pavé : puis, tous deux, après avoir pris congé du Nabab, l'un par une inclinaison de tête, l'autre par une révérence, s'en allèrent bras dessus, bras dessous.

Alors mademoiselle Poussette lui raconta que cet homme était le plus ridicule personnage qu'elle eut jamais vu, qu'il ne parlait que de son héritage, ne voyait partout que des émissaires du chevalier, et ce jour même il avait demandé au lieutenant criminel une escorte qu'il avait failli obtenir.

Cela sembla grave à d'Herbigny qui, le lendemain matin, en sortant de chez mademoiselle Poussette, courut chez le marquis de Cretté et lui raconta la chose. Le marquis en augura que l'Indien avait déjà répandu force argent, sans compter qu'en outre il était probablement appuyé au ministère de la marine, où M. de Bouzenois avait eu d'excellentes relations.

Roger, dans sa dernière lettre, fit part à son père de ces fâcheuses circonstances.

De jour en jour, les symptômes devinrent plus alarmants; bientôt le bruit se répandit que le fils de l'Indienne avait fait voir aux trois juges l'acte sur lequel il appuyait ses prétentions, et que les trois juges lui avaient assuré le gain de sa cause. Cette nouvelle fut un coup de foudre pour le parti d'Anguilhem. On commença, dans le petit comité des gentilshommes, à regarder la chose comme désespérée; on songeait déjà à trouver l'argent nécessaire pour payer les énormes frais de cette instruction et les dommages qui seraient attribués au beau-fils de M. de Bouzenois, car le baron d'Anguilhem s'était porté partie civile. On évaluait les frais à seize mille livres; de plus, M° Coquenard réclamait, pour sa part, quatre mille livres d'honoraires; le séjour de Roger avait coûté, avec les avances que lui avaient faites ses amis, près de cinq mille livres; le procès perdu, il ne restait plus rien au baron de toute sa petite fortune, et le jour approchait où la triste vérité allait lui apparaître sans voile.

Le marquis de Cretté fut parfait pour Roger dans cette circonstance; il lui offrit dix mille écus remboursables à sa volonté; mais Roger répondit que jamais ni lui ni son père n'accepteraient une somme qu'ils étaient certains d'avance de ne pouvoir pas rendre; il déclara donc qu'il supporterait le coup avec ses propres ressources, et que le cas échéant il prendrait un engagement dans un des régiments qui partaient pour la Flandre.

D'Herbigny, de son côté, fit tout ce qu'il pouvait faire. Grâce à l'influence qu'il avait sur mademoiselle Poussette, il obtint d'elle qu'elle retournerait près de l'Indien, afin de s'assurer de l'existence de cet acte, et si cet acte n'existait point, de découvrir sur quelles ressources s'appuyait l'adversaire de Roger.

De son côté, le chevalier alla trouver ses avocats, M⁰ Branchu et M⁰ Verniquet, et les pria de ne rien négliger dans leurs plaidoiries. Mais malgré tout l'amour-propre naturel aux praticiens, ils hochèrent la tête en se plaignant qu'on les eût engagé dans une aussi mauvaise affaire. Roger les pressa, et ils avouèrent que les trois juges avec lesquels ils avaient parlé de la cause, leur avaient laissé peu d'espoir. Ils conseillèrent à Roger de retourner chez eux, et de caresser désespérément le chat, le singe et le perroquet qui faisaient les délices de ces respectables jurisconsultes. Mais c'était un de ces conseils qu'ils lui donnaient comme les médecins recommadent les eaux pour n'avoir à se reprocher aucune négligence. S'ils avaient su, disaient-ils, que la partie adverse possédât un titre comme celui qu'elle s'apprêtait, disait-on, à faire valoir, rien au monde ne les eût déterminés à se charger de cette cause. Roger, qui n'osait ni ne pouvait leur promettre des montagnes d'or, baissa la tête devant ces accablantes prévisions, et comme il n'était que l'homme d'affaires de son père, il lui transmit fidèlement tout ce qu'il y avait de désobligeant dans les regrets des avocats.

Mais ce fut dans sa lettre à la baronne qu'éclata son désespoir. Avec elle, il déplorait non seulement la perte du procès et par suite la perte de sa fortune, mais encore la perte la plus cruelle de toutes, la perte de Constance ; car au milieu de ses dîners, de ses duels, de ses cavalcades, de ses courses et de ses visites, disons-le à la louange du chevalier, l'image de Constance ne s'était pas éloignée un instant de son cœur.

Il fit part à Cretté du conseil que lui avaient donné ses avocats de tenter une dernière démarche près de ses juges. Il bourra ses poches de gimbelettes pour le chat, d'amendes pour le singe et de macarons pour le perroquet; mais loin d'être sensible à cette attention, le chat l'égratigna, le singe le mordit, et le perroquet l'appela croquant.

Vous êtes un homme ruiné, dit le marquis au chevalier, en sortant de chez son troisième juge; vous perdrez avec dépens.

Le soir, la conduite des jurisconsultes et de leurs animaux respectifs fut expliquée à Roger et à ses amis par mademoiselle Poussette. Comme les juges étaient des gens probes, ils n'avaient rien voulu recevoir. Mais l'Indien avait donné une bague de deux mille pistoles au chat, avait fait une donation de dix mille écus au singe, et avait constitué une rente viagère de trois mille livres au perroquet.

Quant au conseiller rapporteur, toutes les séductions avaient échoué sur lui; sa porte avait été constamment fermée à l'Indien comme à Roger, et on ne lui connaissait aucun animal sauvage, ni domestique, à qui on pût offrir des bagues, faire des donations, ou constituer des rentes.

Roger et le marquis tentèrent une dernière démarche près de lui, mais sans plus de succès que la première.

C'était un homme si intègre que maître Bouteau le conseiller rapporteur!...

On comprend que toutes ces déceptions successives avaient, malgré l'heureuse disposition de son caractère, conduit tout doucement le chevalier à une profonde mélancolie. La perspective de la ruine entière de sa famille, de la perte de Constance qu'il n'avait retrouvée que pour en être séparé plus cruellement encore la seconde fois que la première; et d'un engagement, comme simple volontaire dans Royal-Italien, dans Picardie ou dans Nivernais, n'avait rien que de fort désespérant. Aussi le chevalier se désespérait et ne voulait entendre aucune consolation, refusant toutes les parties que lui proposaient ses amis pour le distraire, et passant son temps dans la chambre de la Herse-d'Or, à écrire à sa mère, ou à faire des élégies à Constance; ajoutons que pour dernière fatalité, avec la mélancolie, le goût des vers lui était venu.

IV.

Comment, au moment où le chevalier était en proie au plus profond désespoir, un homme qui lui était inconnu vint lui faire une proposition à laquelle il ne s'attendait pas, ni le lecteur non plus.

Un matin que Roger se mirait dans une petite glace pour voir comment la douleur lui allait, et cela tout en achevant de mettre sur pied un quatrain fort mauvais, mais prodigieusement tendre, destiné à mademoiselle Constance de Beuzerie, au moment même où il attrapait pour terminer son quatrième vers, une rime assez riche, on frappa trois coups à la porte de sa chambre.

— Entrez, dit d'Anguilhem,

La porte s'ouvrit lentement, et celui qui avait frappé entra.

C'était un homme qui, pour la physionomie, avait de grands rapports avec un renard, évidemment un habitué du palais, un bazochien quelconque, un rat de la Sainte-Chapelle. Depuis quatre mois que Roger fréquentait la salle des Pas-Perdus, il avait appris à reconnaître à ses doigts crochus et à son nez recourbé, le moindre suppôt de Thémis.

Le visiteur avait les cheveux rouges et collés sur le front, une grosse verrue violette sur chaque joue, un œil irrisé comme une opale, un grand vide entre les dents de la mâchoire supérieure et un menton pointu dont le dessous creusait plutôt qu'il ne saillait au dessus du gosier.

— Bon, dit à part lui Roger, voici quelque nouvel exploit qu'on m'apporte : s'il faut en payer immédiatement les frais, je serai forcé de lâcher ma dernière pistole. N'importe, faisons bonne contenance.

Et il attendit l'homme aux verrues d'un pied assez ferme.

L'homme aux verrues s'inclina profondément.

— Ai-je l'honneur de parler à M. Roger Tancrède, chevalier d'Anguilhem et seigneur d'Anguilhem, de la Guérite, de la Pintade et autres lieux?

Roger pensa que s'il était encore pour le moment seigneur de toutes ces seigneuries, il ne tarderait pas à en être débarrassé. Cela n'empêcha point que, quoique étonné du préambule, il ne répondit d'un ton assez ferme :

— Oui, monsieur, à lui-même.

— N'avez-vous personne, continua l'homme aux verrues, qui soit caché dans ce cabinet que je remarque derrière votre alcôve?

— Personne, monsieur, répondit Roger, et permettez-moi de vous le dire, la question me paraît étrange.

— Rien de plus simple cependant, monsieur, vous auriez pu être avec une maîtresse ou avec un ami. Vous êtes assez beau garçon et assez bon camarade pour ne manquer ni de l'un ni de l'autre. Vous auriez pu être, dis-je, avec une maîtrsse ou un ami, et pour me recevoir plus à votre aise, la faire, ou le faire cacher dans ce cabinet.

— J'étais seul, monsieur, dit le chevalier; et ce cabinet est parfaitement solitaire.

— Voulez-vous me permettre de m'en assurer, répondit l'homme aux verrues.

— Parbleu, monsieur, vous me semblez

étrange de ne pas me croire sur parole.

— Oh! je vous crois, monsieur le chevalier, dit l'inconnu tout en s'acheminant à petits pas vers le cabinet; je vous crois, car je vous sais homme d'honneur; mais sans votre permission ou à votre insu, quelque indiscret pourrait s'être glissé.....

Et le visiteur entr'ouvrit la porte et passa par l'ouverture sa petite tête de fouine.

— Bien, dit-il, il n'y a personne.

— Que diable peut me vouloir cet original? se demanda le chevalier.

— Et les cloisons, reprit l'homme aux verrues, sont-elles bien épaisses?

— Ma foi, allez-y voir, monsieur, s'écria d'Anguilhem, car vous commencez véritablement à m'impatienter.

— Ne vous emportez pas, monsieur, ne vous emportez pas... Je vous demande bien humblement pardon de toutes ces précautions, mais vous allez comprendre tout à l'heure l'heure qu'elles étaient rigoureusement nécessaires.

— Alors faites, monsieur, faites ; regardez dans les armoires, sous mon lit, derrière les rideaux, et si vous voulez les clés de la commode et du secrétaire, demandez-les, ne vous gênez pas.

L'inconnu profita de la permission, ouvrit les armoires, regarda sous le lit, fureta derrière les rideaux et interrogea d'un-coup d'œil les deux meubles sus-dénommés, pour s'assurer s'ils n'étaient pas de taille à contenir un écouteur ; mais comme tous deux, sans doute, lui parurent trop exigus pour être employés à cette destination, il refusa poliment, d'un geste, les clés que Roger avait déjà retirées de sa poche, et que, sur ce refus, il y remit.

— Maintenant, monsieur le chevalier, dit l'inconnu, maintenant que je me suis bien assuré que nous sommes seuls, j'ai l'honneur de vous prier de m'écouter sérieusement; car je viens vous parler d'une affaire de la plus haute importance.

— Bonne ou mauvaise? dit Roger.

— A votre choix, dit l'homme aux verrues; elle sera ce que vous la ferez.

Et il alla fermer la porte à la clé et en tira les deux verroux.

Roger jeta un coup-d'œil à la dérobée sur le fauteuil où était posée son épée, commençant à croire, comme l'Indien, qu'on pourrait bien lui avoir dépêché quelqu'un pour lui faire un mauvais parti.

L'homme aux verrues intercepta ce regard, essaya de rassurer à la fois Roger par un sourire et par un geste, et approcha une chaise du fauteuil où Roger était assis.

Roger, par un mouvement involontaire, éloigna son fauteuil.

L'inconnu remarqua ce second mouvement, comme il avait déjà remarqué le premier, et fit un petit sourire hideux qui voulait dire :

—Oui, oui, je vois bien que vous n'avez pas grande confiance en moi ; mais attendez tout à l'heure.

Roger attendit. L'homme aux verrues jeta un dernier regard autour de lui, comme si la certitude même qu'il fut seul avec le chevalier ne pouvait le rassurer, et se penchant à son oreille :

— Monsieur, lui dit-il, auriez-vous de la répugnance pour le mariage ?

Roger regarda fixement son interlocuteur. Celui-ci croyant Roger atteint d'un peu de surdité, renouvela sa question.

— Pour le mariage ? répéta Roger stupéfait.

— Pour le mariage, reprit l'inconnu, en secouant gentiment la tête avec ce même sourire hideux qui paraissait lui être familier.

— Mais pour quel mariage ? demanda Roger.

— Comment pour quel mariage, mais pour un vrai mariage.

— Je ne comprends pas, dit Roger ; mais allez toujours.

— Alors, dit l'inconnu, je vais vous poser la question autrement.

— Posez, monsieur.

— Auriez-vous du goût pour gagner votre procès ?

— Têtebleu ! Je le crois bien, s'écria Roger, et beaucoup, même.

— Bien, bien, dit l'homme aux verrues, avec son même sourire, nous allons nous entendre, alors.

— Entendons-nous, dit Roger, en faisant faire un petit mouvement à son fauteuil.

— Eh bien ! moi, monsieur, continua l'inconnu, je puis vous le faire gagner, votre procès. — Ah !

Roger se rapprocha avec enthousiasme de l'homme au sourire hideux et fut prêt de lui jeter les bras au cou.

Pauvre nature humaine, qui croit avoir des sympathies et des antipathies et qui n'a que des intérêts.

— Que faut-il faire, pour cela ? demanda Roger.

— Oh ! mon Dieu, presque rien, répondit l'inconnu.

— Mais enfin ?

— Il faut vous marier.

Roger regarda une seconde fois cet homme, mais encore plus fixement que la première et commença de concevoir l'idée qu'il avait affaire à un fou.

— Pourvu qu'il ne devienne pas furieux, se dit tout bas Roger, la chose se passera gaîment. Puis enfin, comme ce silence se prolongeait, Roger s'étant contenté de se répondre à lui-même, et cette réponse ne suffisant pas à l'homme aux verrues :

— Eh bien ? demanda l'inconnu.

— Vous dites donc ? répéta Roger.

— Je dis, monsieur d'Anguilhem, qu'il fau vous marier.

— Me marier, moi ?

— Vous-même, en personne, attendu qu'un autre, ce ne serait pas du tout la même chose.

Allons donc, vous plaisantez ? dit Roger.

— Si j'avais l'honneur d'être mieux connu de vous, dit l'entremetteur d'hyménées, vous sauriez, monsieur, que je ne plaisante jamais.

— Alors la question devient sérieuse.

— Extrêmement sérieuse, monsieur, je vous supplie donc de la considérer sous ce point de vue.

— Ainsi, il faut me marier ?

— Oh ! mon Dieu, oui.

— Et avec qui ? demanda Roger, en faisant un effort sur lui même.

— Ah ! avec qui ? demanda l'homme aux verrues en réitérant son affreux sourire ; — Ah ! avec qui ? voilà le grand mot lâché !

— Sans doute, avec qui ? répondit Roger. Vous pensez bien, monsieur, que je ne me marierai pas comme cela, la tête dans un sac !

— C'est pourtant ainsi qu'il faut vous marier, monsieur d'Anguilhem.

— Etes-vous bien sûr d'être dans votre bon sens ? demanda Roger.

— Comment ! si j'en suis bien sûr ?

— Oui, c'est que dans le cas contraire, comme la plaisanterie peut durer longtemps sur ce ton là, je vous avouerai que je suis très pressé, qu'on m'attend et que je désirerais terminer promptement le jeu que nous jouons.

— Ce n'est pas le moins du mon de un jeu,

monsieur, reprit l'inconnu de l'air le plus grave ; ou si c'est un jeu, c'est du moins un jeu auquel tout votre avenir est intéressé, puisque vous y pouvez gagner quinze cent mille livres.

— Alors, reprit Roger, pour Dieu, monsieur, expliquez-vous plus clairement.

— Seriez-vous amoureux quelque part ? demanda l'homme aux verrues, en fixant sur Roger ses petits yeux d'opale, dont il sembla physiquement au chevalier sentir le regard pénétrer jusqu'au fond de son âme.

— Pour cela, dit Roger en rougissant prodigieusement, dispensez-moi, monsieur, de répondre.

— Puisque vous demandez qu'on respecte votre secret, monsieur, dit l'inconnu, j'ai donc le droit de demander aussi, moi, qu'on respecte le mien.

— Mais vous, c'est bien autre chose ? s'écria le chevalier,

— Comment, c'est bien autre chose ?

— Vous devez me dire, surtout à moi...

— Au contraire, monsieur le chevalier, vous êtes le dernier auquel je dois le dire ; mais je ne vous empêche pas de deviner...

— Ah ! c'est bien heureux ; merci de la permission, monsieur ; malheureusement, je ne suis pas fort sur les énigmes.

— En ce cas, c'est une étude qu'il faut faire ; car, pour moi, je ne puis vous répéter que ce que je vous ai déjà dit.

— Monsieur, dit Roger en se levant, vous comprenez...

— Oui, monsieur, je comprends que vous êtes un homme désintéressé, dit l'inconnu en se levant à son tour, et qu'il vous importe peu de perdre ou de gagner votre procès. Bagatelle, après tout, pour un gentilhomme comme vous qu'une somme de quinze cent mille livres de plus ou de moins.

— Peste ! dit Roger, bagatelle ! non pas,

monsieur ; je ne traite pas la chose comme vous ; mais cependant, franchement, voyons: je ne puis pourtant pas me marier ainsi.. . à.. l'absurde...

— Monsieur, monsieur, dit l'inconnu avec un air de profonde commisération pour l'ignorance de Roger, c'est moi qui vous le dis, vous ne savez pas ce que vous refusez.

— Mais enfin, monsieur, dans le cas où je consentirais à entamer une négociation, que faudrait-il faire ?

— Une négociation du genre de celle-ci, une fois entamée, doit être menée à bout.

— Alors c'est un engagement positif que vous me demandez ?

— Positif.

— Et je m'engegerais à épouser ?

— Un nom en blanc.

— Cela n'a pas le sens commun.

— Cependant, permettez.

— Jamais, monsieur, jamais.

— C'est votre dernier mot ?

— Le dernier, le suprême.

— Réfléchissez encore.

— J'ai réfléchi, ou plutôt je ne réfléchirai jamais à une pareille absurdité... Me marier, moi, sans savoir avec qui, sans avoir vu ma future, sans lui avoir parlé, sans savoir si elle est jeune ou vieille, belle ou laide, bête ou spirituelle. Allons donc, mon cher ! vous perdez la tête.

— Et vous votre procès, monsieur !

Et l'inconnu prit son chapeau.

Ce diable d'homme avait tant d'assurance, que Roger fut déconcerté. Il marcha à grands pas : alla de l'alcôve à la fenêtre, de la porte à la commode, et finit enfin par retomber sur son fauteuil en regardant sournoisement son interlocuteur, qui, de l'air le plus naturel du monde, gratait alternativement ses deux verrues et son menton.

— Comment ! dit Roger rompant le premier le silence, comment, monsieur, vou ne voulez absolument pas me donner le plus petit renseignement.

—Sur l'honneur, monsieur, je le voudrais dit l'inconnu ; mais cela m'est expressément defendu.

—Dites-moi seulement si la jeune personne, hum !... fit Roger en s'interrompant — est-elle jeune-seulement ?

L'inconnu continua de gratter ses verrues.

— Voyons est-elle belle ou laide ?

L'inconnu passa de ses verrues à son menton.

—Mais enfin, il me sera bien permis de m'enquérir si ma fiancée est demoiselle... ou veuve.

L'inconnu resta impassible.

— Ah! dit Roger en se frappant le front du poing, ma parole d'honneur, c'est pour en devenir fou !

— Je vous laisserai jusqu'à demain, monsieur, pour réfléchir à mes propositions, dit l'inconnu.

— Et demain ? demanda Roger.

— Demain, je reviendrai à la même heure.

— Seul ?

— Non ; j'aurai avec moi la promesse de mariage.

— La promesse de mariage! s'écria Roger, en pâlissant.

— Oh ! cela n'engage à rien, dit l'inconnu, vous ne la signerez qu'autant qu'il vous plaira de le faire ; soyez tranquille, mon gentilhomme, ajouta-t-il en riant de son rire habituel ; on ne vous prendra pas de force.

Cela dit, l'homme mystérieux sortit à reculons en saluant plus bas encore qu'il n'avait fait en entrant, et il était déjà loin que Roger, consterné, serrait encore son front humide de sueur entre ses mains crispées et tremblantes.

V.

Comment l'homme mystérieux revint une seconde fois, et comment dans cette seconde entrevue les choses s'éclaircirent quelque peu.

Roger resta quelque temps sous le poids du coup qui venait de le frapper, puis enfin, rassemblant toutes ses forces, il se leva, prit à son tour son chapeau, et courut chez le marquis de Cretté, son suprême appui, son éternelle ressource.

Heureusement le marquis était chez lui.

— Qu'avez-vous? s'écria-t-il en apercevant le chevalier; est-ce que votre procès est perdu?

Le marquis faisait cette question au chevalier, tant la figure du chevalier était bouleversée.

— Non, Dieu merci, pas encore, dit Roger; on ne le juge, vous le savez, que dans trois jours; et même...

— Et même?... répéta le marquis.

— Et même j'ai quelque espoir de le gagner, reprit en soupirant le chevalier.

— Il me semble qu'il n'y a pas là-dedans de quoi soupirer si profondément que vous le faites.

— Sans doute, il vous semble cela, à vous, qui ne savez pas à quelles conditions.

— Ah! il y a des conditions?

— Hélas! dit Roger, et il se précipita dans

les bras de son ami.

— Voyons ; parlez, s'écria le marquis, vous m'inquiétez vraiment, chevalier.

Le chevalier raconta alors au marquis son entrevue avec l'homme aux yeux d'opale. Cretté écouta le récit avec la plus grande attention, puis lorsque le chevalier eut fini :

— Voilà qui est bizarre, dit-il. Est-ce qu'il y aurait quelque bâtarde de Bouzenois que l'on voudrait placer, ou bien, grand Dieu, mon pauvre ami...

— Ou bien quoi ? s'écria le chevalier pâlissant aux pressentiments du marquis.

— Ou bien serait-ce la vieille Indienne elle-même qui songerait à convoler en secondes noces.

Roger frissonna jusque dans la moelle des os, mais une réflexion le rassura.

— Impossible, dit-il, elle est morte.

— Alors il n'est pas probable que vous ayez quelque chose à craindre de ce côté là.

— Ce n'est pas l'embarras, dit Roger, j'ai vu des gens que l'on croyait mort et qui revenaient.

— Oh ! mon Dieu ! fit le marquis.

— Mais, reprit d'Anguilhem, je ne crois pas que ce soit ici le cas.

— Cherchons donc quelle autre chose cela peut être. Si c'était un piége de votre partie adverse ? Qu'en dites-vous ?

— J'y ai pensé ; mais quel intérêt M. Afghano aurait-il de me marier ?

Nous avons oublié de dire que l'Indien répondait au nom d'Afghano.

— On ne sait pas ; méfiez-vous toujours.

— Oui certainement que je me méfie ; mais ma méfiance ne me donnera pas un jour de plus : demain il faut que je rende une réponse quelconque.

— Consultez votre père.

— Mais mon père est à cinquante-cinq lieues d'ici ; puis, il faut que je vous l'avoue, marquis, je ne saurais me marier ainsi ; j'aime à l'idolâtrie une jeune demoiselle de mon pays, un amour, un ange, qui est attachée à moi d'une affection égale à celle qui m'attache à elle et qui mourra si j'en épouse une autre.

— Croyez-vous? dit Cretté en allongeant les lèvres d'un air de doute.

— Jen suis sûr, j'ai reçu sa parole.

— De mourir ?

— Non, mais de ne vivre que pour moi. Alors Roger raconta au marquis toutes ses aventures avec Constance, mais sans prononcer son nom.

— Que voulez-vous, mon cher ? alors il n'y a pas de réflexions à faire, aimez-vous mieux mademoiselle... est-ce une indiscrétion que de vous demander comment s'appelle cette demoiselle ?

— Non, elle s'appelle Constance de Beuzerie.

— En effet, ce petit nom promet, diable !

— Vous demandez donc ?

— Je demandais si vous aimiez mieux mademoiselle Constance de Beuzerie que 60,000 livres de rente.

— Si j'étais seul, je l'aimerais mieux que ma fortune, mieux que ma vie, mieux que tout ; mais malheureusement, j'ai un père et une mère qui m'adorent, et que je ruine en refusant.

— Oui, vous avez raison, dit Cretté ; voici la véritable obligation ; ceci, mon cher, comme vous comprenez bien, c'est un acte de conscience que vous seul pouvez résoudre.

Roger poussa un profond soupir.

De son côté, le marquis de Cretté devint pensif, et rêva longtemps, puis tout à coup, il prit la main de Roger avec un mouvement si brusque, que celui-ci en resta stupéfait.

— Vous êtes un homme trois fois perdu, dit-il, je devine d'où vous viennent les propositions.

— Bah! dit Roger avec effroi.

— Le monsieur aux verrues est quelque juge, quelqu'assesseur, quelqu'huissier qui a une fille bossue et qui éprouve le besoin de s'en débarrasser avantageusement.

— Marquis, je vous en prie, ne me dites pas de ces choses-là; vous me faites venir la chair de poule.

— Mon cher, il faut savoir dire la vérité à ses amis.

— Hélas! soupira Roger.

— Du reste, continua le marquis, parlez-en à monsieur votre père, et demandez-lui son avis; mais pour moi, cela ne fait plus aucun doute.

— Il y aurait encore autre chose!... répondit la victime, en traînant chacune de ses paroles avec un accent lamentable. Ce serait le cas où l'un de ces messieurs que nous avons dit tout à l'heure, aurait une fille qui...

— J'y pensais, répondit Cretté ; mais je ne voulais pas vous le dire... Laquelle des deux difformités préféreriez-vous !... Moi, j'aimerais mieux, je l'avoue, la difformité incurable...

— C'est un horrible guet-apens ! s'écria Roger furieux.

— Il faut cependant choisir, dit le marquis, il n'y a pas de milieu. Il s'agit de perdre votre procès ou de sauter les yeux fermés dans l'abîme.

— Hélas ! hélas ! réitéra Roger.

— Mon pauvre ami, dit Cretté, que la situation du chevalier touchait jusqu'aux larmes, vous voilà dans un traquenard ; mais il ne faut pas encore trop vous désespérer avant la seconde visite ; profitez du moment où vous tiendrez ce diable d'homme, tournez-le et retournez-le de tous les côtés, demandez des informations, exigez-les au besoin. Si l'on vous refuse, refusez aussi, je serai caché à la porte, je suivrai le démon, fût-ce jusqu'en enfer, et du moins nous aurons le plaisir de nous venger, je vous en réponds.

— Oui, mais je perdrai mon procès.

— Ah dam ! que voulez-vous, mon cher, vous ne pouvez pas tout avoir.

Comme tout ce que pouvaient se dire le chevalier et le marquis n'avançait à rien, Roger reprit le chemin de son hôtel, et rentra à la Herse-d'Or.

Roger alors s'apprêta à écrire à son père ; mais il réfléchit qu'une lettre mettait quatre jours à aller à Loches et quatre jours pour en revenir, ce qui faisait huit jours, en supposant même que le baron répondit poste pour poste. Or l'arrêt devait être rendu sous trois jours ; il était donc matériellement impossible de recevoir à temps une réponse d'Anguilhem ; le pauvre garçon aurait cependant eu bien besoin de l'impulsion de son père pour prendre un parti quelconque.

Il demeura donc en face de lui-même, versant des larmes amères, s'arrachant les cheveux à pleines mains, désespérant enfin de l'avenir et appelant à grands cris Constance, la Pintade, la Guérite, le bois de la Garenne, tous les souvenirs de sa jeunesse enfin ; se reprochant sa sottise d'homme primitif et admirant les paroles profondes du marquis, lorsque celui-ci, en écoutant les amours pastorales de Roger à Beuzerie, l'apparition de Constance dans la chambre de Roger, et la fuite de tous deux à la chapelle Saint-Hippolyte, s'était écrié :

— Que vous fûtes simple, d'Anguilhem ; que vous fûtes naïf, mon beau Roger ; que vous fûtes niais, mon pauvre ami.

Et Roger répétait : — Oh ! oui, je fus bien

niais; oh! oui, je fus bien naïf; oh! oui, je fus bien simple.

On voit que le séjour de Paris commençait à opérer efficacement sur Roger.

Mais la nécessité était là, allongeant sa main de bronze, armée de ses coins de fer. Chaque minute avait la valeur d'un jour, chaque jour l'importance d'une année. Le lendemain, l'homme aux verrues, inexorable comme le temps, ponctuel comme la mort, allait venir.

Roger passa la nuit à chercher un moyen de sortir de sa position; il est inutile de dire qu'il n'en trouva point.

Le jour vint. Roger attendit l'homme aux verrues, armé d'une foule de propositions nouvelles et d'un arsenal de questions insidieuses.

L'homme ne se fit pas attendre. A l'heure, à la minute, à la seconde désignées, Roger, qui se tenait l'oreille au guet, entendit le bruit de son pas dans l'escalier ; puis ce pas s'arrêta devant la porte ; puis on frappa trois coups ; puis enfin au mot entrez, prononcé d'une voix tremblante par Roger, la porte s'ouvrit et le messager fatal entra plus obséquieux, plus humble, plus mielleux que la veille.

Son regard embrassa d'un coup-d'œil circulaire toute la chambre.

— Vous êtes toujours seul? demanda-t-il.

— Voyez, lui dit d'Anguilhem.

L'inconnu renouvela sa visite avec la même minutie que la première fois, puis la visite achevée, il se rapprocha de Roger, qui était assis sur une chaise, pâle comme le condamné exposé sur un échafaud.

— Eh bien, monsieur le chevalier, dit l'homme mystérieux, avez-vous réfléchi?

— Bien plus, dit Roger ; j'ai deviné, monsieur, ainsi parlons franc et terminons séance tenante.

— C'est mon plus cher desir, monsieur, répondit l'inconnu en s'inclinant.

— Vous m'êtes envoyé par quelqu'un qui veut se débarrasser de sa fille.

— Se débarrasser. Oh! monsieur, le mot est dur.

— Ne chicanons pas sur le mot. Je suis malheureusement sûr qu'il n'est que trop vrai.

— Cependant je tiendrais à rectifier votre opinion.

— Maintenant, ce père est un de mes juges; n'est-ce pas ? dit Roger en regardant l'homme aux verrues jusque dans le fond de ses yeux d'opale.

L'inconnu regarda à son tour Roger avec un air d'étonnement qui touchait presqu'à l'admiration.

— Ma foi oui, monsieur, dit-il ; vous avez deviné.

— Ah ! je le savais bien, s'écria Roger d'un air triomphant.

— Eh bien ! ensuite, à quoi cela vous mène-t-il de le savoir ?

— Cela mène à être certain que je perdrai mon procès, si je n'épouse pas.

— Et à avoir la même certitude que vous le gagnerez, si vous épousez.

— Ceci est fort triste, dit Roger.

— Ah ! monsieur, dit l'inconnu, vous avez tort de vous plaindre ; vous êtes en beau chemin de fortune ; laissez-vous faire, chevalier ; laissez-vous faire, je ne vous dis que cela.

— Oui, et j'aurai, moi gentilhomme sur l'honneur duquel il n'y a rien à dire, j'aurai épousé la fille d'un homme qui vend la justice.

— Oh ! que vous envisagez les choses sous

un déplorable point de vue, monsieur d'Anguilhem, répondit l'inconnu, et que cette façon de voir est absurde, permettez-moi l'expression ; un homme qui a du crédit en use, il oblige ses amis, et la loi de la reconnaissance, qui est la loi des belles âmes, étant posée, ses amis à leur tour lui rendent service en échange de son bon office.

— Oui, je sais bien, mais la demoiselle?...

— Eh bien, la demoiselle.

— La demoiselle! est-elle demoiselle?

L'inconnu ricana.

— Ou veuve, continua d'Anguilhem.

L'inconnu ricana plus fort.

— Au diable, monsieur, s'écria le chevalier furieux, je crois que vous vous moquez de moi.

— Dieu m'en préserve, chevalier, seulement je ris de vos appréhensions.

— Qui ne sont pas fondées, peut-être, reprit d'Anguilhem, quand vous me forcez à acheter chat en poche.

— La surprise en sera meilleure, monsieur d'Anguilhem.

— Ah! je ne saurais me contenter de cela, monsieur; laissez-moi seulement voir la demoiselle..... la jeune personne, la personne à marier.... la dame en question, enfin...

— Impossible, monsieur, impossible.

— Mais, voyons... le père... laissez-moi voir le père... ce n'est pas trop, heim?

— Au contraire, monsieur, c'est demander tout : quand vous aurez vu le père, vous saurez en vingt-quatre heures qui est la fille.

— Tenez, vous me rendrez fou, dit d'Anguilhem.

— Voyons, monsieur le chevalier, reprit l'homme aux verrues de son accent le plus mielleux, ne vous exaspérez pas ainsi : l'affaire est belle, croyez-moi, et vous vous repentirez d'avoir fait le difficile; car en cédant à toutes ces petites considérations qui, je le vois avec peine, ont une influence ridicule sur vous, vous allez perdre une fortune de quinze cent mille livres, et une cause qui entraîne trente à quarante mille livres de dépens; tandis qu'en épousant, vous assurez votre million et demi, plus un mobilier de soixante mille écus, des pierres précieuses et des bijoux pour plus de cent cinquante mille livres, sans compter l'argent monnoyé de la caisse, et la caisse est lourde, je vous en réponds; j'étais là quand on a mis les scellés.

— Ah çà, dites-moi : une question.

— Faites, monsieur, faites, et si je puis y répondre j'y répondrai.

—Comment se fait-il, dit Roger, que mon beau-père futur n'ait pas fait offrir sa fille à M. Afghano mon adversaire ?

— Parce qu'il a cru devoir vous donner la préférence,

— Je lui suis bien obligé.

— Puis l'Indien est laid et vous êtes joli garçon ; puis votre adversaire est peut être un très grand seigneur dans son pays, mais ici sa noblesse n'est pas reconnue ; enfin le nom d'Anguilhem sonne mieux pour des oreilles françaises que le nom quelque peu sauvage d'Afghano. Madame Afghano ! vous comprenez le moyen d'annoncer cela à la cour ; mais malgré tout cela, si vous refusez aujourd'hui...

— Eh bien ! si je refuse aujourd'hui ?

— J'irai trouver M. Afghano demain.

— Mais le père tient donc beaucoup à placer sa fille ?

— Elle est en âge d'être pourvue.

— Oh ! oui, je le crois. Bref, on me choisit pour m'étrangler.

— Monsieur, je vous le répète, vous n'avez

pas de raison, et vos paroles sont celles d'un page. On vous donne quinze cent mille livres, on vous les met dans la main ; on va vous déterrer pour cela dans la plus mauvaise chambre d'un mauvais hôtel, et vous appelez cela vous étrangler ! Ah ! vraiment vous me faites de la peine.

— Eh bien ! transigeons, monsieur, dit d'Anguilhem. Celui qui vous envoie, veut-il cent, veut-il deux cent, veut-il trois cent mille livres, je les lui concède, je les lui offre, je les lui donne ?

— Ce que vous me proposez-là n'a pas le sens commun, chevalier ; ces cent mille écus que vous offrez ne sont déjà plus à vous, c'est la dot de votre femme.

— Comment la dot de ma femme !

— Eh oui ! en épousant la jeune fille, vous lui reconnaissez cent mille écus ; c'est bien naturel, ce me semble, quand le père vous en fait gagner quinze cent mille.

— Vous avez dit la jeune fille, monsieur, s'écria le chevalier, ah! vous l'avez dit; la demoiselle est donc jeune ?

— Heureux, trop heureux d'Anguilhem, acceptez, c'est moi qui vous le dis, acceptez.

— Ecoutez : vous me connaissez, moi ; je vis au grand jour, rien n'est mystérieux en moi, et, je joue cartes sur table.

— Eh bien ! soyez beau joueur jusqu'au bout.

— Je ne demande pas mieux ; mais il me faut une marque de votre crédit, une preuve de votre influence.

— Laquelle ?

— Faites remettre à huit jours le prononcé du jugement qui devait être rendu après-demain, et en échange de cette nouvelle, je vous engage ma parole sous deux conditions.

— Lesquelles ?

— La demoiselle ne sera pas contrefaite et n'aura pas, ou plutôt elle aura...

— Je comprends chevalier.

— Eh bien !

— Accordé.

— Comment, accordé ?... Vous me répondez que.

— Oui.

— En ce cas, vous avez ma parole.

— Alors, à dix jours.

— A dix jours.

— Je serai ici le matin du prononcé du jugement.

— Je vous y attendrai.

— A la bonne heure chevalier, à la bonne heure. Ah ? vous êtes né sous une heureuse étoile ! monsieur d'Anguilhem.

Et l'homme aux verrues prit son chapeau et sortit à reculons en saluant plus humblement que jamais.

Cinq minutes après il rentra tout effaré.

—Monsieur, dit-il, peut-être avez-vous cru qu'un éclat vous sauverait et c'est pour cela que vous avez embusqué, à vingt pas de la porte de l'hôtel, le marquis de Cretté, votre ami, dans son carrosse ; ne niez pas, j'ai reconnu la livrée et les armoiries; mais vous avez eu tort, entendez-vous bien : le délai accordé est un gage aussi bien pour nous que pour vous. Si dans l'intervalle quelque chose s'ébruite de nos projets, si quelque chose transpire de quelque façon que ce soit, si une démarche quelconque de votre part nous porte ombrage, moi, le seul témoin, entendez-vous bien, le seul, je nierai tout, et vous perdrez votre procès avec honte.

Roger fut atterré par cette nouvelle menace, qui répondait si bien à ses secrètes intentions ; car, ainsi que nous l'avons dit, il avait comploté avec le marquis de découvrir le mystère et de rendre à ses persécuteurs le mauvais temps qu'ils lui faissaient passer.

Mais se voyant découvert, il tomba dans le découragement.

— Que faut-il faire, monsieur, pour que vous soyez satisfait? demanda-t-il à l'inconnu.

— Descendez le premier, monsieur, répondit celui-ci, et quand je vous aurai vu vous éloigner avec le marquis, je sortirai à mon tour.

Roger prit son chapeau, et obéit tristement, suivi à la distance d'un étage par l'homme mystérieux.

Il trouva Cretté qui se démenait dans son carrosse : il l'avertit qu'il était découvert, et tous deux se firent conduire au Luxembourg, où ils causèrent longuement.

Pendant ce temps, l'homme aux verrues, regagna sa mystérieuse résidence.

— Il n'y a plus rien à faire, dit le marquis au chevalier, si non à prendre, tout bas, des informations pour vous distraire un peu, et rendre moins rude, par la préparation, le coup que vous ne pouvez plus éviter. Après tout, mon cher chevalier, prenez que la chose soit faite et que vous ayez été mal marié. D'ailleurs vous vous consolerez facilement en regardant autour de vous, et en voyant de combien d'étranges ménages vous êtes entouré.

— Oui, mais les femmes sont entrées dans ces ménages par la bonne porte, tandis que moi je vais être tympanisé de la belle façon. Que vont dire tous nos amis, bon Dieu.

— Ils n'en sauront rien ; vous ne comptez pas en parler, n'est-ce pas ?

— Dieu m'en garde.

— Eh bien ! il est probable que de son côté le beau-père ne se vantera pas de la manière nouvelle qu'il a inventée d'allumer le flambeau nuptial.

—Hélas! ne m'avez-vous pas dit vous-même plus d'une fois que tout se savait à Paris ?

—Tout se sait à peu près ; mais tout se déguise aussi quand on le veut bien ; d'ailleurs vous avez le pistolet sous la gorge, il faut en passer par là ou par la fenêtre comme on dit : rappelez-vous vos études chez les jésuites d'Amboise, et puisque vous avez fait votre philosophie, eh bien! mon cher, soyez philosophe.

— Ah! marquis, cela vous est bien aisé à dire, à vous. Voyons, soyez franc, feriez-vous le mariage, dites ?

—Moi, marquis de Cretté, possédant les soixante mille livres de rentes que je possède, sans le bien de ma mère, non, je l'avoue je n'épouserais pas cette fille sans y regarder ; mais si je m'appelais Roger Tancrède d'Anguilhem, et qu'il me fallût en cas de refus mourir de faim, j'épouserais Alecto en personne, sauf ensuite à me démêler avec elle, et à lui casser, le cas échéant, sa quenouille sur les reins.

— Vous me parlez franchement ?

— Foi de gentilhomme !

— Mais songez que je suis amoureux.

— C'est toujours une sottise; mais aujourd'hui c'est plus que cela ; c'est un malheur !

— Mais songez que je perds Constance !

— Bah ! vous le savez, il n'y a que les montagnes qui ne se rencontrent pas, et un jour, vous et mademoiselle Constance vous vous rencontrerez.

— Elle va suspecter ma loyauté.

— Vous lui expliquerez la chose.

— Elle va me maudire.

— Ah ! dans ce cas-là, le tort sera tout à elle, et elle ne sera point raisonnable.

— Elle ne pourra pas croire que j'aie pu me décider à une pareille infidélité.

— Vous lui direz que c'est votre père qui a tout fait, et elle pensera que c'est une revanche qu'Anguilhem a voulu prendre sur Beuzerie.

— Mais elle se mariera à son tour.

— Tant mieux pour vous, mon cher, tant mieux : d'abord vous ne voudriez pas avoir sur la conscience le remords de l'avoir fait rester fille ; puis une fois mariée de son côté, comme vous du vôtre, on oubliera votre roman à tous deux, vous irez dans le pays, vous ferez des chasses avec le mari, vous lui donnerez à dîner, tandis qu'il fera des compliments à votre femme, vous en conterez à la sienne. Si vite qu'il aille, vous aurez toujours l'avance sur lui, en reprenant la chose où vous l'avez laissée.

— Ah ! si madame de Maintenon vous entendait, mon cher Cretté.

— Elle se croirait rajeunie de quarante ans, voilà tout.

Sur ce, les deux amis se levèrent pour aller prendre des renseignements.

VI.

Comment le jugement fut rendu.

Le chevalier et le marquis passèrent trois jours en courses; les valets parlèrent, les concierges parlèrent, les greffiers eux-mêmes desserrèrent les dents, tant les deux amis employèrent de ruses adroites et de moyens ingénieux, pour savoir ce qu'ils désiraient savoir.

Mais toutes informations prises, il se trouva que douze juges, et soixante conseillers avaient des filles bonnes à marier, de sorte qu'après toutes leurs recherches, Roger et le marquis ne furent guère plus avancés qu'auparavant.

Il y avait pourtant certaines de ces demoiselles que le chevalier redoutait fort, attendu qu'elles n'étaient pas des rosières; l'une avait été surprise la nuit dans un cloître à moitié ruiné, derrière la rue Saint-Benoît.

Une autre avait été faire un voyage en Picardie sans son père, ni sa mère, et il courait d'assez méchants bruits, que son cousin le mousquetaire l'avait ramenée.

Une troisième enfin avait été reconnue, disait-on, en fiacre, à Marly, à une heure du matin et sortant de la fameuse auberge du Veau-Doré.

Rien ne prouvait que la demoiselle à marier fût l'une de ces trois femmes, mais rien ne prouvait non plus qu'elle n'en fût pas : il en résultait que Roger demeurait plongé dans la perplexité la plus profonde.

Sur ces entrefaites, il apprit que, selon le désir qu'il en avait exprimé à l'homme mystérieux, le jugement était remis à huitaine; cela lui fut une marque insigne de la bonne volonté de ses persécuteurs à son égard, ainsi que de leur influence à l'égard de la justice.

Le huitième jour, après qu'il avait écrit, c'est-à-dire la surveille du jour où devait être rendu le jugement, il reçut une lettre d'Anguilhem.

Le baron n'y avait ménagé ni l'encre ni le papier, car la lettre avait huit grandes pages. Il annonçait au chevalier qu'il serait venu lui-même à Paris, si le manque d'argent ne l'eût retenu dans son château. Il déplorait la fatale nécessité qui pesait sur son cher fils, et le laissait, dans cette occasion, absolument libre d'agir selon les calculs de son esprit ou les inspirations de son cœur, ce qui parut à Roger un trait de la plus exquise délicatesse paternelle, et ce qui, à travers mille sanglots, lui fit adopter la cruelle résolution de renoncer à Constance et d'assurer le bonheur de ses parents.

« N'agissez pas pour nous, disait le baron dans cette lettre modèle; vous êtes jeune, Roger, et vous avez de longues années à vivre; ne faites pas le malheur de toute votre existence pour adoucir les restes de la nôtre. Ce procès nous aura ruinés, votre mère et moi; mais qu'importe, nous sommes habitués aux privations. D'ailleurs, vous avez de la force, de la bonne volonté, des amis puissants, vous obtiendrez un emploi qui vous permettra de nous soulager quelque peu jusqu'à notre mort, qui maintenant ne saurait être bien éloignée. »

Roger n'alla pas plus loin; il essuya ses yeux, baissa la tête avec respect, et lorsque l'homme aux verrues arriva chez lui :

— Monsieur, dit le chevalier, je suis prêt, que faut-il vous signer?

— Ceci, dit le messager, et il tira de sa poche, et déploya un papier couvert d'écritures.

— C'est bien, dit Roger, et il signa sans lire.

— Pardieu, monsieur, dit l'homme aux verrues, vous êtes un loyal gentilhomme, et si vous avez de la peine à vous décider, du moins quand vous avez pris votre parti, vous agissez grandement. Bien vous prendra de cette généreuse négligence; lisez maintenant.

Roger lut avec une horrible angoisse, tremblant à chaque ligne de rencontrer le nom de ces trois redoutables filles, mais il eut le bonheur de voir un nom inconnu.

Ce papier était un acte portant obligation d'épouser mademoiselle Christine-Sylvandire Bouteau, fille unique de maître Jean-Amédée Bouteau, conseiller-rapporteur du roi, en la grand'chambre, et une reconnaissance à ladite Christine-Sylvandire Bouteau d'une dot de cent mille écus, le jour où le très noble et très honoré seigneur Roger Tancrède d'Anguilhem gagnerait son procès contre le sieur Afghano, beau-fils de feu le vicomte de Bouzenois.

Maître Jean-Amédée Bouteau était cet austère conseiller-rapporteur qui n'avait voulu recevoir ni Roger, ni Afghano ; celui-là n'avait ni chat à qui on pût offrir des bagues, ni singe à qui on pût faire des donations entre vifs, ni perroquet à qui on pût constituer une rente viagère. Mais il avait une fille à marier.

— Est-elle bien laide, monsieur, demanda Roger.

— J'ai ordre de ne répondre à aucune de vos questions, monsieur le chevalier; faites votre toilette, suivez-moi au palais, assistez au jugement qui sera rendu dans deux heures et j'aurai l'honneur de vous conduire ensuite chez M. Bouteau, votre beau père.

— Pourquoi faire ? s'écria Roger avec un mouvement d'effroi qui l'empêcha de comprendre l'incongruité de la question.

— Mais pour lui faire vos remercîments d'abord de ce que de ce moment-là vous aurez quelque chose, comme un million et demi de plus, et puis pour saluer votre future.

Les jambes manquèrent au chevalier.

— Mon père sera sauvé et ma mère mourra tranquille à Anguilhem, murmura-t-il en tombant sur un fauteuil.

— Allons, allons, dit l'homme aux verrues, je vois bien que vous avez besoin d'être seul pour vous remettre; vous irez au palais de votre côté, moi j'y vais du mien.

Et l'homme au verrues sortit assez cavalièrement cette fois. Roger remarqua cette différence dans ses habitudes.

— C'est juste, dit-il; il est sûr maintenant de son fait, j'ai signé ma propre sentence.

Puis, comme l'y avait invité l'envoyé de maître Bouteau, il commença sa toilette.

Roger avait la mort dans le cœur; il détestait d'avance la femme qu'il allait voir, et pourtant par un mouvement d'amour-propre inhérent au cœur de l'homme, il ne voulut pas que cette première entrevue lui donnât une mauvaise idée de sa tournure et de son visage.

Il prit un habit de velours noir avec des brandebourgs d'or : une veste de satin blanc, sur les coutures de laquelle serpentait une riche broderie, puis il envoya chercher le marquis de Cretté, lequel arriva bientôt dans son plus magnifique équipage.

Derrière cette voiture, marchaient les carrosses de d'Herbigny, de Chastellux, de Clos-Renaud. Mademoiselle Poussette venait à la suite de tout cela, dans un remise.

Le marquis de Cretté monta seul chez Roger.

Du plus loin qu'il aperçut le marquis, le

chevalier lui tendit les bras en criant : Hélas! hélas! hélas!

— Il paraît que le sacrifice est fait, dit Cretté.

— Fait et parfait, répondit Roger. J'ai signé. Pauvre Constance!

— Et... et avez-vous quelque renseignement nouveau sur la future? demanda en hésitant le marquis.

— Elle se nomme Sylvandire.

— Ah diable! un charmant nom, c'est déjà quelque chose. Mais ceci n'est qu'un nom de baptême, comment se nomme-t-elle de son nom de famille?

— Mademoiselle Bouteau.

— La fille de notre conseiller rapporteur! s'écria le marquis.

— Elle-même, dit Roger. Hélas! c'est quelque petit monstre qu'il aura caché à tous les yeux, et dont il se défait en ma faveur.

— Ou plutôt en faveur de votre baronnie. J'ai rencontré parfois maître Bouteau.

— Et quel homme est-ce que mon beau-père?

— Un juif greffé sur un Arabe ; immensément riche, du reste, à ce qu'on assure.

— Et malgré sa richesse, s'écria Roger, il est obligé d'employer de pareils moyens pour placer sa fille! Ah! mon ami, mon ami, il n'y a que le dévouement filial...

— Il est vrai que Cléobis et Biton étaient, à mon avis, bien peu de chose auprès de nous, chevalier, mais il ne s'agit pas ici de nous lamenter, mais de nous rendre au palais. Si votre femme est par trop... barroque... Eh bien! vous la mettrez dans un coin de votre maison, avec des domestiques à elle, et cent mille francs pour son entretien. Vous aurez le désagrément qu'elle porte votre nom, voilà tout, et avec les quatorze cent mille livres qui vous resteront, eh bien! vous prendrez du plaisir ailleurs; vous avez bien lu l'engagement? Il n'y a pas dessus que vous êtes forcé?...

— Non.

— Eh bien, mon cher, plaignez-vous donc, allons, allons en carrosse.

Et Cretté emmena d'Anguilhem, qui alla saluer successivement d'Herbigny, Clos-Renaud, Chastellux et mademoiselle Poussette aux portières de leurs voitures, et qui monta ensuite dans le carrosse du marquis.

Ils arrivèrent au palais; il y avait foule. Le fils de l'Indienne avait voulu assister au dénouement de ce long drame. On supposait qu'il avait dû dépenser cinquante mille livres à peu près à se rendre agréable aux juges. Il avait l'air si radieux que Roger manqua de s'évanouir et que Cretté en devint tout pâle.

Les juges étaient dans l'appartement voisin ; ils délibéraient.

Au bout d'une heure de délibération, la chambre rentra en séance. Roger reconnut ses trois juges et frémit ; derrière eux venait modestement le conseiller-rapporteur.

—Comment se nomme le conseiller-rapporteur ? demanda timidement Roger à son voisin.

— M⁰ Bouteau, répondit celui-ci ; un bien digne homme.

Roger chercha à lire quelque chose sur la figure de M⁰ Bouteau, mais c'était chose impossible.

Les juges prirent leurs places, avec cet air grave que l'on connaît à ces messieurs, laissèrent errer dans la salle ce regard de jurisconsulte qui ne se fixe sur rien, et M° Bouteau déplia un papier.

— Du courage, dit Cretté, en se penchant à l'oreille du chevalier, c'est notre beau-père.

— Je le sais dit Roger.

M° Bouteau toussa, cracha et lut ce qui suit :

« Attendu que le sieur Afghano, dit l'Indien, n'a pu fournir la pièce qu'il devait offrir au tribunal, et qu'il n'existe aucune preuve authentique de ses droits à la succession ; attendu que le sieur baron Tancrède Palamède d'Anguilhem, représenté par son fils, le chevalier Roger Tancrède d'Anguilhem est le plus proche parent du défunt et qu'il a fourni des titres bien en règle, établissant cette parenté.

« Ordonne la chambre que le sieur baron

Tancrède Palamède d'Anguilhem entrera immédiatement en possession de l'héritage de feu le vicomte de Bouzenois, comprenant meubles et immeubles et généralement tout ce que possédait le défunt, comme il est juste.

« Condamne le sieur Afghano, dit l'Indien, à payer les frais sans réserve ni dépens. »

Me Bouteau prononça tout cela sans regarder une seule fois Roger qui chancelait sur son banc.

Le marquis de Cretté prit son ami dans ses bras et lui dit à l'oreille :

— D'Anguilhem, ton beau-père est un grand homme.

— Oui, mais patience, dit Roger, l'Indien va fournir son acte.

— Il n'eut pas attendu jusqu'à ce moment,

reprit Cretté, soyez tranquille, puisqu'il ne l'a pas fourni, c'est qu'il ne l'a pas.

En effet, l'Indien ne produisit aucun papier Il baissa la tête un instant comme accablé du coup, puis, la relevant bientôt d'un air de triomphe.

— Allons, dit-il assez haut pour être entendu non seulement des juges, mais encore de l'auditoire, ma mère à bien fait de ne pas tout donner à ce misérable Bouzenois. Voilà qui prouve combien il est dangereux d'enrichir ses amants.

Roger sentit la colère lui monter au front, et fit un mouvement vers l'Indien, pour aller venger incontinent la mémoire d'un parent dont on venait de le reconnaître héritier.

—Etes-vous fou, s'écria Cretté en le retenant; laissez donc crier ce malheureux qu'on écorche. Vous ne vous appelez pas Bouzenois, mais d'Anguilhem et par Dieu, les avocats vous en ont bien dit d'autres.

En ce moment l'Indien se dirigea vers le groupe des jeunes gens. Roger crut qu'il venait à lui et s'apprêta à le recevoir ; mais l'Indien passa près d'eux, voilà tout. Seulement en passant il dit assez haut pour être entendu :

— Vous avez eu tort de me trahir, mademoiselle Poussette, car j'ai encore cent mille livres de rentes.

— Je vous en fais mon compliment, monsieur, dit Roger ; c'est plus qu'il ne vous en faut pour porter dignement votre nom.

— Allons, allons, ne vous faites pas de querelle, dit Cretté ; rentrons chez nous et soupons gaîment.

— Hélas ! Cretté, répondit d'Anguilhem, vous oubliez qu'il faut que j'aille voir ma future.

Au reste, Roger avait déjà prononcé ces paroles d'un ton infiniment moins contrit qu'on aurait pu s'y attendre. Il songeait à la fierté de son père, à la joie de sa mère, en se trouvant tout à coup si prodigieusement riches. Et le pauvre chevalier était si bon fils, qu'il commençait à s'étourdir sur la douleur de Constance.

Puis on s'accoutume vite à la prospérité ; Roger sortit de la chambre avec des écarts de jambes et des gonflements de poitrine qui eussent fait honneur à un millionnaire de naissance.

Cretté lui prêta son carrosse pour aller rendre visite à M⁰ Bouteau, puis il prit congé de son ami en lui rappelant que le souper serait prêt pour huit heures.

Alors Roger aperçut derrière lui l'homme aux verrues. Ses deux yeux d'opale jetaient des flammes.

— Maître Bouteau vient de quitter le palais pour retourner chez lui. Monsieur le baron ne veut-il pas le saluer tout d'abord ?

— Si fait, mon cher monsieur, répondit le chevalier, et c'est même mon plus vif désir.

Eh bien! êtes-vous content, chevalier?

— Oui, monsieur, vous m'avez tenu parole, c'est vrai; mais nous avons encore deux conditions à remplir.

— Et on les remplira, monsieur, aussi exactement, espérons-le du moins, qu'on a rempli la première.

— Faites-moi donc le plaisir de monter dans mon carrosse, monsieur, et allons.

L'homme aux verrues monta dans le carrosse; mais, quelques instances que lui fît Roger, il ne voulut point se placer autre part que sur le devant.

On arriva rue Planche-Mibray; on monta au troisième.

Mᵉ Bouteau était assis dans son cabinet; c'était un tout petit homme, avec un front immense, des yeux petits et cachés sous des lunettes, d'épais sourcils grisonnants, une bouche imperceptible perdue dans les plis de sa joue; en somme, un fort laid beau-père; mais ce n'était pas lui qu'il s'agissait d'épouser. Roger salua presque gracieusement, et ouvrit la bouche pour lui rendre grâces.

—Ne me faites aucun remerciement, monsieur, dit Mᵉ Bouteau, votre cause était excellente; d'ailleurs j'ai suivi les lois de ma conscience, et mes collègues, quelque prévenus qu'ils fussent contre vous, ont bien voulu se laisser persuader par mes faibles arguments en faveur de la justice.

Roger salua une seconde fois maître Bouteau, lequel n'eut pas l'air de l'examiner, mais tout en répondant à son salut, il le regarda de tous ses yeux par dessus ses lunettes. Cet examen terminé, il se retourna vers un paravent à ramages qui s'étendait derrière lui et dit avec un naturel parfait :

— Ma fille, venez donc faire la révérence à mon client, M. le chevalier Roger Tancrède d'Anguilhem.

Roger crut que la terre allait manquer sous ses pieds; une sueur froide lui monta au front, sa vie resta suspendue, ses yeux fixes et hagards s'attachèrent à l'angle du paravent.

Tout à coup Roger vit apparaître une délicieuse créature.

Grande, d'une taille gracieuse, flexible et admirablement proportionnée, avec des yeux noirs que voilaient des paupières de velours, et de longs cheveux noirs qui tombaient en boucles épaisses sur ses blanches épaules; Sylvandire avait dix-huit ans au plus, et pouvait passer pour un prodige de beauté.

Roger, anéanti, pétrifié, stupide, ne songea pas même à faire la révérence, il demeura immobile, en extase, les yeux fixes et la bouche ouverte, comme la statue d'Apollon qui va parler.

— Mon enfant, poursuivit le conseiller en prenant Sylvandire par la main, voici M. le chevalier Roger Tancrède d'Anguilhem qui nous fait l'honneur de te demander en mariage.

Sylvandire leva ses grands yeux noirs sur Roger, et lui lança un regard qui pénétra jusqu'au plus profond de son cœur.

— Oh! je suis perdu! dit Roger en lui-même; une si belle fille a déjà dû être aimée par quelqu'un, à moins qu'on ne l'ait tenue dans une armoire.

— Veux-tu permettre à M. le chevalier d'Anguilhem de te faire sa cour? continua le conseiller.

Sylvandire regarda une seconde fois Roger

avec un mélange d'étonnement, de crainte et de langoureuse passion; mais elle se tut.

— Qui ne dit rien consent, monsieur le chevalier, reprit maître Bouteau. Or, vous saurez que Sylvandire est ma fille unique et qu'elle apporte à son mari trois cent mille livres de dot.

Sylvandire serra la main de son père en signe de reconnaissance.

— Pardieu! dit Roger à part lui, il pouvait bien lui en donner six cent mille pour ce que l'argent lui coûte. N'importe il faut encore le remercier d'être si modeste.

— A quand la noce, voyons, monsieur le chevalier? dit maître Bouteau.

— Mais, dit Roger, c'est à mademoiselle de fixer l'époque, et dès qu'elle consentira...

Sylvandire s'inclina encore une fois sans parler.

— Elle est muette! s'écria Roger, croyant

avoir trouvé l'infirmité probable, et incapable de maîtriser la nouvelle crainte qui venait de s'emparer de lui.

Sylvandire partit d'un éclat de rire bien franc, et répondit :

— Non, monsieur le chevalier, Dieu merci, je parle.

— Elle n'est peut-être que stupide, dit le chevalier, et cependant avec des yeux pareils, il est impossible de ne pas avoir de l'esprit.

Cependant, comme cette première entrevue ne laissait pas que d'être embarrassante pour tout le monde, le conseiller fit un signe du coin de l'œil à sa fille qui fit la révérence, et s'apprêta à sortir.

— Comment, s'écria Roger, comment vous vous en allez, mademoiselle, sans me dire à quelle époque vous daignerez...

— Je vous laisse avec mon père, monsieur,

répondit Sylvandire; quoiqu'homme de justice, il n'aime pas les affaires qui traînent en longueur. Ce qu'il fera sera bien fait.

— Allons, dit Roger à part lui, je m'étais encore trompé à cet endroit-là, elle n'est pas trop bête.

Le bienheureux chevalier marchait de déceptions en déceptions.

Sylvandire se retira, laissant Roger seul avec son futur beau-père.

Le mariage fut fixé à quinze jours.

Les arrangements faits, Roger prit congé de M⁰ Bouteau et descendit l'escalier d'un pas plus léger qu'il ne l'avait monté.

Sur la porte de la rue, il trouva l'homme aux verrues.

— Eh bien! monsieur, lui dit celui-ci, êtes-vous content?

— Si content, lui répondit Roger, que si la dernière condition est tenue aussi fidèlement que les deux premières, il y a mille louis pour vous, mon brave homme.

— C'est comme si je les avais, dit l'nconnu en saluant jusqu'à terre.

Roger entendit cette exclamation et sauta dans le carrosse sans toucher le marchepied.

— Chez le marquis, cria-t-il à Basque d'une voix dans laquelle il ne restait plus rien de ses craintes passées.

Dix minutes après, la voiture s'arrêtait dans la cour de l'hôtel.

VII.

Comment le chevalier d'Anguilhem finit par prendre philosophiquement son parti d'avoir une jolie femme, un magnifique hôtel, et soixante-quinze mille livres de rentes.

Il y avait nombreuse compagnie chez le marquis.

Roger entra la figure radieuse. Chacun s'approcha de lui et l'accabla de compliments.

Le marquis laissa se calmer cette grêle de félicitations, puis il prit Roger par la main et l'entraîna dans un boudoir.

— Eh bien, lui dit-il, la future?

— Charmante, répondit Roger d'un air dolent.

— Aussi jolie que Constance?

— Hélas! plus jolie.

— Mais alors, que diable vous préoccupe donc encore?

— Ah! mon ami, murmura Roger avec un profond soupir, j'étais bien sûr que Constance...

— Eh bien! oui, je comprends, dit le marquis; mais que voulez-vous, mon cher, ce serait trop de chance aussi, et vous devenez d'une exigence inconvenante; tenez-vous pour bien heureux, mon cher, d'en être quitte pour cela, et puis d'ailleurs qui sait, tout ce qui vous arrive à vous est si extraordinaire.

— Oh fion, mon ami, vous ne me persuaderez pas qu'il n'y a pas quelque serpent caché sous toutes ces roses. Mais que voulez-vous, marquis, le sort en est jeté, et puis j'ai réfléchi que le plus galant homme de la terre peut être trompé dans la situation où je suis. Ne pouvant rien sur le passé de ma femme, eh bien! je me contenterai de surveiller l'avenir.

— A la bonne heure, voilà comme j'aime à vous voir. Rentrons maintenant, bonne contenance, et laissez-moi faire à table, heureux millionnaire.

On se mit à souper. L'or, les cristaux, les bougies resplendissaient. A cette vue, Roger songea que lui, pauvre gentilhomme, deux heures auparavant sans fortune, recevrait le lendemain, s'il le voulait, dans un hôtel plus beau et avec une magnificence pareille à celle que déployait en son honneur cet ami que lui avait fait un coup d'épée donné à propos; puis tout en songeant à cela, il se rappelait le maître d'armes, si bon et si désintéressé alors, qui avait, sans le savoir, assuré la fortune de sa famille en démontrant une flanconnade à son fils.

— Mes chers amis, dit le marquis, vous savez que nous nous réunissons ce soir pour nous réjouir du gain de ce fameux procès qui donne à notre ami d'Anguilhem soixante-quinze mille livres de rente.

— C'est vous qui m'avez porté bonheur, dit Roger, en saluant le marquis.

— A la santé de d'Anguilhem et de ses soixante-quinze mille livres de rentes, s'écrièrent alors tous les convives.

— Attendez donc, dit Cretté, et vous porterez deux santés ensemble, à moins cependant que vous n'aimiez mieux boire deux fois.

— Qu'y a-t-il donc encore, demandèrent à la fois d'Herbigny et Clos-Renaud?

— Il y a, dit le marquis, que notre ami d'Anguilhem est devenu tout à coup amoureux à Paris, et vous ne savez pas sur quel friand morceau le scélérat s'est laissé tomber?

— Sur une fille de Saint-Cyr, dotée par madame de Maintenon, dit Chastellux!

— Sur une princesse Palatine, dit Clos-Renaud?

— Sur une fille du sang royal? demanda d'Herbigny.

— Ah bien oui, d'Anguilhem est assez noble comme cela, et il pense au solide, sur la fille d'un robin, messieurs.

— Peuh! firent quelques convives.

— Ah chevalier, vous dérogez, dit d'Herbigny, il fallait épouser une dame de la comédie française ou une fille de l'Opéra, c'était plus grand seigneur.

— Attendez-donc, messieurs, reprit le marquis, la demoiselle est belle comme Vénus, et a six cent mille livres de dot.

— Peste, chevalier, nous vous faisons notre compliment, s'écrièrent les jeunes gens à la ronde.

— Sur quoi le chevalier se fixe à Paris, s'établit dans l'hôtel du vicomte de Bouzenois, et nous donne des festins, mais des festins devant lesquels celui-ci n'est qu'un dîner de gargotte.

— En ce cas, vive le chevalier et la chevalière, s'écria d'Herbigny en levant son verre.

Et tout le monde fit, dans les mêmes termes, raison au toast de d'Herbigny.

— Maintenant, continua le vicomte, en reposant son verre sur la table, puisque vous voilà lancé dans la bazoche, mon cher d'Anguilhem, trouvez-moi donc à moi aussi la fille d'un collègue de votre beau-père, quelque jolie petite robine, j'accepterai jusqu'à cinq cent mille livres.

— Alors, au futur mariage du vicomte d'Herbigny, dit à son tour et en levant son verre, le chevalier d'Anguilhem.

Puis, pendant que tout le monde buvait, il se retourna vivement vers Cretté et lui tendant la main.

— Merci, dit-il, merci marquis, vous avez été bon, excellent comme toujours.

En effet, Cretté avait sauvé à son ami tout le ridicule de son mariage. Il est vrai aussi que les six cent mille livres de mademoiselle Bouteau, avaient produit un effet magique.

Bref, le souper fut si gai, que d'Anguilhem, quelle que fût sa préoccupation, s'égaya lui-même au dessert.

Roger quitta le marquis à deux heures après

minuit, lui donnant rendez-vous pour le matin à onze heures ; il voulait n'entrer à l'hôtel de Bouzenois qu'accompagné de son ami.

A l'heure dite, le marquis était chez Roger; tous deux partirent pour la place Louis-le-Grand, et cette fois les deux battants de la grande porte s'ouvrirent devant le chevalier. Depuis une heure, les gens de la justice attendaient pour lever les scellés.

Tout ce qu'avait dit l'homme aux verrues était scrupuleusement vrai; le coffre-fort était plein, les écrins regorgeaient de bijoux, la collection de pierres gravées et de médailles était magnifique.

Roger fut ébloui en voyant tant de richesses ; lui qui était venu à Paris avec cinquante louis, ne comprenait pas qu'il existât tant d'or au monde ; il voulait rendre à l'instant même à Cretté les huit ou dix mille livres qu'il lui devait ; mais le marquis lui fit comprendre qu'il se pressait un peu trop en lui disant qu'il lui enverrait un matin Basque pour prendre toute cette quincaillerie.

Le chevalier fit à l'instant même un choix parmi les diamants et les pierres précieuses, paur les envoyer à sa mère. Peut-être, en faisant cela, pensait-il au fond du cœur à Constance, car quoiqu'il ne prononçât pas son nom, Cretté comprenait à ses soupirs involontaires, qu'il ne l'avait pas complétement oubliée.

L'hôtel, quoique très somptueux, avait besoin d'être revu par un homme de goût : ce fut encore Cretté qui se chargea de cela ; il envoya chercher son tapissier, lui donna ses ordres, et lui accorda huit jours. Le tapissier répondit qu'il était impossible que tout fût prêt dans un si court délai. Cretté se contenta de répondre :

— On paiera le jour où cela sera fini.

Le septième jour, l'hôtel était remis à neuf; et, comme l'avait ambitionné Roger, les armes des d'Anguilhem avaient remplacé sur l'écusson les armes des Bouzenois.

Pendant ce temps, Roger envoyait à sa mère la meilleure voiture qu'il avait pu trouver dans les remises. C'était Rameau-d'Or qui la conduisait en poste; il devait revenir en courrier. Cretté était l'éternelle ressource de Roger; quand il ne lui prêtait pas ses conseils, il lui prêtait son argent; quand il ne lui prêtait pas son argent, il lui prêtait ses domestiques.

Comme Rameau-d'Or était un homme sûr, on l'avertit qu'un des coffres du carrosse, dont on lui remit la clé, contenait un millier de louis, et on l'invita à veiller dessus.

Roger écrivit en outre à son père et à sa mère de venir prendre possession du reste de leur fortune, leur envoyant jusqu'au dernier sou, le compte de ce qu'il avait été obligé de dépenser, ajoutant au reste que par un bonheur inouï sa fiancée était belle, parfaitement élevée, et paraissait on ne peut plus spirituelle.

La joie du baron et de la baronne fut extrême quand ils apprirent que leur bru paraissait à peu près exempte de reproches. De plus, le baron déclara aussitôt que sur l'héritage il constituerait à son fils cinquante mille livres de rentes et garderait le reste pour briller à Anguilhem.

—Seulement, ajouta-t-il, peut-être acheterons-nous une maison de ville à Loches, afin d'y recevoir l'hiver.

Le bruit du gain du procès et du mariage qui devait en être la suite s'était répandu jusqu'à Beuzerie. Le vicomte et la vicomtesse, qui, tout en consentant au mariage de leur fille avec Roger, avaient toujours gardé un vieux levain contre les d'Anguilhem ; se hatèrent de transmettre cette nouvelle à leur fille: mais Constance secoua la tête en souriant et ne voulut pas croire un mot de ce qu'on lui disait.

— Roger a-t-il écrit ? demanda-t-elle.

— Non.

—Il m'a dit de rien croire que ce que j'entendrais de sa bouche ou ce que je verrais écrit de sa main,

— De sorte que ?

— Je ne crois à rien, qu'à son amour.

Le vicomte et la vicomtesse insistèrent tant qu'ils purent ; mais Contance , comme l'apôtre incrédule, voulait voir pour croire.

Le baron, avant de partir, se crut obligé de faire une visite à ses voisins, et de leur expliquer par quelle nécessité Roger était forcé de manquer à ses engagements. Le vicomte écouta fort tranquilemnnt son discours d'un bout à l'autre, puis il ordonna à sa femme de faire descendre Constance. Constance descendit, et M. de Beuzerie pria le baron de répéter devant sa fille ce qu'il venait de lui dire relativement au mariage de Roger. Le baron répéta mot à mot son petit discours, qu'il avait ruminé pendant le chemin ; mais, pendant tout le temps qu'il parla, Constance secoua la tête avec un sourire plein d'adorable confiance ; puis, lorsqu'il eût fini :

—Roger vous a-t-il envoyé quelque lettre pour moi ? dit-elle.

— Non, répondit le baron ; il aura été embarrassé de sa position et n'aura pas osé vous avouer qu'il était forcé, bien malgré lui, de vous être infidèle.

—En ce cas on veut me tromper, reprit Constance ; Roger m'a dit de ne croire qu'à ce que j'entendrais de sa bouche ou à ce que je verrais écrit de sa main.

—De sorte que... répéta M. de Beuzerie.

—De sorte que je ne crois qu'à son amour, répondit Constance.

Et l'on ne put pas tirer autre chose de la jeune fille qui, au reste, ne parut pas autrement se préoccuper de ce bruit, qui bientôt se répandit dans toute la province.

Le départ du baron et de la baronne, courant la poste à quatre chevaux avec un courrier en avant, fut un événement dont il fut question pendant plus de huit jours à dix lieues à la ronde. On disait que Roger avait trouvé des bahuts remplis de diamants, et une mine d'or dans la cave.

Pendant ce temps Roger faisait sa cour ; mais sa fiancée était placée sous la garde la plus sévère. M⁰ Bouteau ne quittait pas sa fille d'un instant, persistance paternelle qui continuait à nourrir les inquiétudes de Roger. Il n'en allait pas moins passer tous les jours une heure avec Sylvandire, et la jeune fille, au grand ébahissement de son futur époux déployait une instruction des plus variées et un esprit des plus agréables. Roger ne se lassait pas de la regarder et de l'entendre.

Toutes les formalités d'usage avaient au reste été remplies, et l'on n'attendait plus que l'arrivée des grands parents pour procéder à la cérémonie du mariage.

Cette arrivée fut un spectacle trop pompeux pour que nous n'essayions pas d'en donner quelque idée au lecteur. Monsieur et madame d'Anguilhem avaient eu l'esprit de ne commander leurs habits que chez des tailleurs de la capitale : ils parurent donc vêtus dans le dernier goût de la cour, et comme l'un et l'autre étaient de vieille race, et qu'ils avaient cet air de grandeur que deux révolutions n'ont pas encore pu effacer chez nos vrais gentilshomme, ils représentèrent convenablement ; mais les neveux et les cousins de la plaine, et les petits cousins de la Saintonge et du Périgord, produisirent une sensation profonde ; ils arrivaient avec des feutres, des pourpoints, des trousses et des manteaux du temps de Louis XIII. On eût dit une collection de portraits de famille qui avait quitté son garde-meuble.

Roger, qui craignait le ridicule avant toute chose, se maria la nuit à Saint-Roch, et attendit pour le repas de noces que tous les parents comblés de présents, fussent repartis par les coches qui les avaient amenés. Le baron et la baronne couvrirent de caresses la fille du consellier, qui souriait tendrement à son mari et se faisait admirablement aux douceurs.

Roger remercia le marquis de Cretté de tous les services qu'il lui avait rendus et de tout l'honneur qu'il lui avait fait, et lui promit de lui écrire relativement au point qui l'avait si fort tourmenté et qui le tourmentait plus que jamais ; puis il partit avec sa femme pour une petite terre située à Champigny, qui avait été habitée longtemps par M. de Bouzenois.

De leur côté, le baron et la baronne regagnèrent Anguilhem, impatients de rehausser par quelques dépenses nécessaires, la splendeur de l'écusson qui se dégradait injurieusement au dessus de la porte charretière du château.

Le lendemain du départ de Roger pour Champigny le marquis de Cretté reçut, par courrier extraordinaire, une lettre du chevalier qui ne contenait que ces quelques lignes :

« Je suis le plus heureux des hommes !

» Faites-moi le plaisir, mon cher marquis,

» de demander à mon beau-père l'adresse de
» l'homme aux verrues, et de remettre à ce
» dernier mille louis de ma part.

» Votre ami de cœur,

» Le chevalier d'Anguilhem. «

VIII.

Comment le chevalier d'Anguilhem se trouva si heureux qu'il fut sur le point, comme Polycrate, tyran de Samos, de jeter un anneau précieux à la mer.

Voici comment Roger avait mis sa conscience en repos au sujet de mademoiselle Constance de Beuzerie.

Si rien n'affaiblit un amour comme la possession, rien ne l'alimente comme l'espérance;

mais l'espérance une fois perdue, l'amour le plus puissant se retire s'il ne s'éteint pas devant l'inflexible nécessité. Aussi une fois que Roger comprit qu'il ne fallait plus songer à ses anciennes chimères, et qu'il se trouva en face d'une des plus séduisantes réalités qui existassent au monde, il pleura, soupira, mais finit enfin par s'exécuter, et même d'assez bonne grâce.

Il profita donc du retour de sa mère à Anguilhem pour écrire à Constance une lettre des plus touchantes; il annonçait qu'une de ces nécessités, comme les gentilshommes en rencontrent parfois pour éprouver leur courage, s'apesantissait sur lui, et qu'il allait, en se sacrifiant au bonheur de sa famille, renoncer à l'espoir d'être jamais heureux lui-même. Il supplia donc Constance de lui pardonner et de l'oublier. Mais il termina en jurant à son amante, que malgré l'inflexible loi à laquelle il était forcé d'obéir (style cornélien, encore fort à la mode à cette époque), lui, Roger, aimerait Constance jusqu'à la mort.

Constance, ainsi dégagée de sa parole, redevenait libre et pouvait se marier à son tour.

Au moment où Roger écrivit à Constance la lettre dont nous venons de faire l'analyse, il n'avait pas encore eu l'occasion d'écrire au marquis de Cretté celle dont à la fin du chapitre précédent nous avons donné le contenu ; il se défiait donc encore de Sylvandire, et pensait, que trompé probablement d'avance par sa femme, il aurait toujours le beau côté d'une scène conjugale, si jamais les deux rivales pouvaient communiquer ensemble, et si l'une d'elles montrait à l'autre la lettre qu'elle avait reçue.

Roger avait été profondément ému en composant les lignes élégiaques que nous avons rapportées ; aussi porta-t-il, les yeux encore humides de larmes, la lettre qui les contenait à la baronne d'Anguilhem ; de son côté la digne dame, croyant encore aux éternelles amours, même lorsque ces amours étaient traversées d'insurmontables obstacles, s'empressa de référer de la chose à son mari, et cela surtout lorsque Roger lui eut recommandé de faire tenir la lettre à mademoiselle de Beuzerie et de veiller avant toute chose à ce qu'elle lui fût remise en mains propres.

M. d'Anguilhem fut fort embarrassé à cette ouverture. Manquer à remplir le désir de son fils, c'était selon lui trahir un devoir, et il faut avouer que depuis quatre mois, Roger avait tellement grandi dans l'estime et l'opinion paternelles, par la façon dont il s'était conduit dans la capitale, que le baron respectait maintenant son fils presque autant qu'il l'aimait. D'un autre côté, faire passer à Constance une lettre sans doute pleine de serments d'un éternel amour, c'était peut-être rallumer des feux qu'il était plus sûr de laisser s'éteindre d'eux-mêmes, c'était peut-être encourager des desseins coupables, c'était peut-être enfin fomenter une rébellion aux foyers Beuzeriens.

Car le baron n'avait pas pris connaissance de la lettre, et il se serait jeté au feu plutôt que de le faire, tant il poussait loin la délicatesse à cet endroit ; de son côté, la baronne ne pouvait lui donner aucun renseignement, si ce n'est que, connaissant l'amour inaltérable que Roger avait voué à Constance, la lettre devait contenir de terribles plaintes contre le sort, et de cruelles récriminations contre la destinée. Il en résulta que le baron, après avoir tourné et retourné en tous sens l'épître de Roger, décida dans sa sagesse que le mieux était de ne pas la remettre à mademoiselle de Beuzerie ; et, pour ne pas revenir sur cette determination, il enferma à double clé l'épître amoureuse dans un coffre.

L'accomplissement de cette réssolution tourmenta bien le baron d'Anguilhem pendant quelque temps ; mais il se rassura peu à peu en songeant que le hasard se sert parfois d'un accident pour faire beaucoup de bien dans ce monde.

Il en résulta que mademoiselle de Beuzerie, n'ayant pas reçu la lettre qui la déliait de ses serments, ne voulut rien admettre de ce qu'on lui dit du mariage de Roger, répondant aux protestations les plus positives de son père et de sa mère :

— On lui avait bien fait croire, à lui, que j'étais morte !

Pendant ce temps, Roger, croyant Constance rendue à la liberté, était fort tranquille, et nous ajouterions même, si nous ne craignions pas de faire prendre à nos lecteurs une trop mauvaise idée de notre héros, qu'il était fort heureux.

Je crois qu'il n'existe pas de mariage, fut-il formé de l'accouplement d'un tigre et d'une panthère, qui ne puisse avoir la prétention de jouir d'une paix de quinze jours après le jour des noces.

Au reste, outre sa beauté, qui était parfaite, et que Roger appréciait singulièrement, Sylvandire paraissait adorable de naïveté, de grâces et de vertu. Son nouvel époux l'avait interrogée en tous sens, il avait usé sa judiciaire et sa logique à faire naître des contradictions et à embarrasser une de ses réponses dans une autre ; mais sur aucun point il n'avait pu surprendre Sylvandire en mensonge : aussi se demandait-il incessamment pourquoi Mᵉ Bouteau avait pris tant de précautions, de soins et de peines pour assurer le placement d'un trésor si avantageux.

— Que faisiez-vous donc chez votre père? chère amie, demandait quelquefois Roger.

— Je m'ennuyais, répondait Sylvandire.

— Mais ne recevait-il donc jamais personne?

— Oh! si fait, quelques vieux conseillers, quelques vieux avocats, quelques vieux juges, tous gens de conversation fort maussade.

— Voila tout?

— Oh! mon Dieu, oui, absolument tout.

Alors Roger, après avoir craint une difformité, une infirmité, et encore autre chose, revenu de ces trois terreurs, songeait que sa femme devait avoir quelque vice caché.

— Peut-être est elle gourmande, se dit-il, — c'était un vice de l'époque, voyez Saint-Simon.

Et il essaya de provoquer sa sensualité à l'aide de ces vins exquis que M. de Bouzenois gardait depuis vingt ans dans sa cave ; mais Sylvandire, après avoir goûté le meilleur Tokai et le plus exquis Constance, faisait une petite grimace de dégoût, et en revenait à son eau fraîche et pure, la seule boisson qui lui fût agréable.

Un jour, pour avoir pris un doigt de Syracuse, le rouge lui monta au visage, et elle en fut incommodée toute la soirée. A partir de ce moment elle annonça qu'elle renonçait même à tremper le bout de ses lèvres dans aucune espèce de vin.

Ma femme n'aime pas la table, pensa Roger ; cherchons-lui quelqu'autre vice, car décidément elle doit en avoir un.

— Ah! j'y suis, se dit-il un beau matin, ma femme est joueuse.

Et il étala le même soir un rouleau d'or devant elle et lui mit des cartes entre les mains ; mais Sylvandire ne connaissait aucun jeu, riait comme une folle quand elle gagnait, et faisait la moue pour une pièce de douze sous perdue.

— Ma femme n'est pas joueuse, dit Roger, c'est vrai ; mais peut-être est-elle avare.

Roger fit monter sa femme dans sa voiture, lui fourra de l'or plein ses poches et la conduisit chez les premières faiseuses de modes et chez les premières couturières de Paris. Sylvandire acheta pour trois cents louis de bonnets, de dentelles et de robes, et cela sans marchander.

— Diable! dit Roger, c'est qu'elle est prodigue, alors.

Mais un jour qu'il lui faisait, à dessein, un

léger reproche sur une guimpe d'Angleterre qu'elle avait achetée dix louis de plus qu'elle ne valait, Sylvandire le remercia de cette observation et le pria à l'avenir de régler lui-même ses dépenses.

— Tant pis, tant pis, pensa Roger, c'est qu'il y a quelque chose de plus grave.

Alors Roger se mit en sentinelle et regarda s'il ne viendrait pas rôder autour de la maison conjugale, quelques-uns de ces insectes de nuit et de jour qu'on appelle des cousins, dangereuse espèce dont on ne peut se délivrer que lorsqu'on les tue sur la place.

Mais pas un panache d'amoureux, comme eût dit mademoiselle Scudery, mais pas un museau de galant, comme eût dit Molière, ne se montra dans les environs de Champigny.

— Bien décidément, je possède un trésor, se dit Roger avec effroi, et je suis né, il faut en convenir, sous quelque constellation heureuse, qui n'a pas encore été decouverte par les astronomes modernes.

Cela était vrai cependant, ou du moins paraissait l'être.

Dire que Sylvandire avait un amour immense pour son mari, c'est ce que nous n'oserions point affirmer. Peut-être Sylvandire n'aimait-elle rien, et, aux yeux du pauvre Roger, cette absence d'amour était une vertu. Mais il n'est rien de tel que ces prétendus indifférents pour s'éveiller, pour s'embrâser tout à coup ; il n'est rien comme ces soleils cachés sous une nue pour amener des grêlons, de la pluie et des tempêtes.

M° Bouteau vint voir ses enfants à Champigny. Roger, qui adorait ses parents, et qui leur écrivait deux fois par semaine, trouva Sylvandire bien froide à l'égard de ce bon père, qui avait tant fait pour elle. Il réfléchit pendant deux ou trois jours à cette froideur, et comme il était en train de chercher de bonnes raisons à tout, il finit par se persuader que l'amour dont Sylvandire brûlait pour lui-même éteignait tous les autres amours. On voit que Roger était déjà fort avancé dans les études de son rôle d'époux : de pessimiste, il était devenu optimiste.

Cependant Roger faisait mille amitiés à M⁰ Bouteau, et M⁰ Bouteau les lui rendait : seulement l'un avait un motif, l'autre n'en avait pas. Roger voulait conduire M⁰ Bouteau à point et, arrivé où il le désirait voir, l'interroger à fond. Après un succulant dîner de campagne, qui avait duré jusqu'à sept heures du soir, Roger crut enfin le moment venu.

— Voyons, maître Bouteau, dit-il, en entraînant son beau-père dans une embrasure de fenêtre ; voyons là, franchement, maintenant que vous n'avez plus peur que je vous échappe, et, je dirai mieux, maintenant que je ne voudrais même plus vous échapper, dites-moi, jusqu'à présent je ne m'en suis pas encore aperçu, je dois vous l'avouer, dites-moi ce qu'il y avait de défectueux dans Sylvandire, car pour la marier d'une si étrange manière vous aviez vos raisons?

— Je veux bien vous parler à cœur ouvert, mon gendre. D'abord, comme vous pouvez le voir, dit le bonhomme à qui le vin muscat déliait la langue, j'ai gagné à ce marché la dot de Sylvandire, c'est-à-dire cent mille écus.

— Je sais le chiffre, répondit Roger.

— Dot que du reste, continua le beau-père, vous retrouverez après moi revue et augmentée; et puis, j'ai été sûr que ma fille n'épouserait pas un de ces gentillâtres de province qui n'ont que la cape et l'épée, ou un de ces marchands qui portent toutes leur dettes à l'actif, et tout leur actif au passif, c'est-à-dire qui sont ruinés, si leur femme ne les aide.

— Vous connaissiez donc la fortune de M. de Bouzenois ?

— A livres, sous et deniers, mon gendre ; j'avais tout verifié par moi-même, tout supputé, tout estimé.

— Mais il y avait bien à la cour quelque gentilhomme qui me valût, enfin ?

— Sans doute, mais celui-là n'avait pas un procès qui me le livrait pieds et poings liés, puis les fortunes de quinze cent mille livres sont rares même à la cour. D'ailleurs, j'avais toujours dit que je doterais ma fille avec la première affaire un peu importante qui me tomberait sous la main : recevoir une somme d'argent comme ont fait vos trois juges, c'est un vol fait à la fois à la justice et au plaideur ; mais lui donner, au contraire, à ce plaideur, qui vous doit sa fortune, lui donner par dessus le marché une fille charmante, c'est en même-temps, je le pense ainsi du moins, accomplir un devoir et rendre un service.

— Toujours la même chose, pensa Roger, le thème est en effet assez raisonnable, et à la rigueur, on peut y croire. Ainsi, ajouta-t-il tout haut, ainsi, très cher beau-père, vous n'étiez pas le moins du monde embarrassé de Sylvandire ?

— Oh mon Dieu! pas du tout, si ce n'est qu'elle s'ennuyait fort avec moi, et que, comme elle a un caractère des plus décidés.....

— Ah! ma femme a un caractère décidé.

— Une petite tête de fer, mon gendre. Si ce n'est donc, comme je vous le disais, que comme elle a un caractère des plus décidés, je tremblais que d'un moment à l'autre elle ne fit quelque folie. C'est une fille d'un esprit fort étendu, et qui surtout veut être distraite.

— Elle aime donc le plaisir, alors? demanda Roger.

— Je n'en sais rien, ne lui en ayant jamais procuré; mais toutefois, par ce que j'ai pu saisir de son caractère, je crois qu'elle ne hait pas les divertissements.

— Beau-père, vous croyez bien, n'est-ce pas, que je veux rendre Sylvandire heureuse?

— Vous faites tout ce que vous pouvez pour cela.

— Eh bien! voyons, pour arrriver à ce but, si je vous consultais sur ses goûts et son caractère, quel conseil me donneriez-vous?

— Je vous dirais, ayez confiance en elle...

— Ah! vraiment, tant mieux, interrompit Roger.

— Attendez donc, attendez donc, continua le beau-père, je vous dirais : Ayez confiance en elle, mais surveillez-la toujours.

— Diable! fit Roger, assez mécontent de ce dénouement.

Le lendemain, maître Bouteau repartit pour Paris, laissant son gendre fort préoccupé de la conversation de la veille.

En effet, Roger était si heureux qu'il était évident qu'un pareil bonheur ne pouvait durer; aussi Roger était-il tourmenté de son bonheur même.

C'est une chose étrange que le cœur de l'homme, nous ne parlons pas de celui de la femme, que nous ne connaissons que par sympathie. C'est une chose étrange disions-nous, que le cœur de l'homme, et l'on ne saurait croire quel assortiment indéfini d'amours il contient. Certes, Roger avait fort aimé Constance, Roger l'aimait même à ce point que s'il eût appris que Constance se mariait, il en eût été désespéré. Eh bien! Roger aimait aussi Sylvandire, d'un tout autre amour, c'est vrai; il aimait Constance comme on aime un beau lys, pour admirer sa pureté, pour s'enivrer de son parfum, pour le conserver dans un coin du jardin de son cœur, hors de tous les yeux, loin de tous les regards. Il aimait Sylvandire comme on aime un beau diamant, pour le faire reluire de tous ses feux, pour le produire à toutes les vues, pour se faire envier par toutes les ambitions.

L'amour qu'il avait éprouvé pour Constance était le feu le plus pur de l'âme. L'amour qu'il éprouvait pour Sylvandire était une flamme un peu plus grossière, qui allumée au fond du cœur gagnait peu à peu tous les sens. Roger eût passé sa vie à regarder Constance et il eût été heureux de la regarder. Roger serait mort d'amour comme Narcisse, s'il lui avait fallu dans ses relations avec Sylvandire, se borner à sa simple vue.

Et maintenant que j'ai caractérisé les deux amours de Roger, c'est aux femmes de dire duquel de ces deux amours, elles préfèrent être aimées.

Mais la vérité, c'est que Roger les avait tous deux, l'un dans l'âme, l'autre dans le cœur, et peut-être même n'était-il si heureux, et ne craignait-il tant de changer de position que parce que l'un complétait l'autre.

IX.

Comment l'horizon conjugal du chevalier d'Auguilhem commença peu à peu à se rembrunir.

Quelques jours se passèrent encor dans un bonheur parfait; mais Roger, constamment tourmenté des confidences que lui avait faites son beau-père à l'endroit de Sylvandire, résolut de proposer à sa femme un parti qui lui ferait peut-être entreprendre quelque chose hors de ce calme qui chez elle paraissait affecté tant il était profond.

Et Roger avait tort, nous devons l'avouer. Savoir jouir du bonheur présent et s'en remettre à Dieu du bonheur à venir, c'est un des premiers préceptes de la sagesse humaine; aussi est-ce un de ceux que l'on suit le moins. Interrogez les trois quarts des hommes qui ont été malheureux, et ils vous avoueront qu'ils ont cherché leur premier malheur, comme Diogène cherchait un homme, avec une lanterne.

Bref, un beau matin, Roger alluma donc sa lanterne, et s'en vint trouver Sylvandire.

— Ma belle amie, lui dit-il, je vous annonce une nouvelle qui va bien vous charmer, car sans doute comme je me trouve bien heureux, vous vous trouvez bien heureuse?

— Mais, certainement répondit Sylvandire en levant sur Roger un long regard qui n'était pas exempt de quelque inquiétude.

— Ce bonheur vient de notre amour, Sylvandire, et sans doute comme moi, vous aimez le recueillement dans l'amour.

Sylvandire resta muette.

— Or, continua Roger, comme nous aimons tous deux, Roger appuya sur ce mot, être seuls et être loin du monde...

Sylvandire dressa l'oreille comme le cheval qui entend siffler le fouet.

— Nous allons vendre notre hôtel de Bouzenois, faire emballer le mobilier et nous vivrons, s'il vous plaît, à Anguilhem, où maître Bouteau nous fera le plaisir de venir passer ses vacances.

— Et pourquoi, aller nous enterrer en

province? demanda assez résolument Sylvandire.

— Mais pour y vivre en famille.

— Votre famille n'est pas la mienne, répondit Sylvandire, et à part un mois que mon père viendra passer avec nous, mon père demeure le reste de l'année à Paris.

— Oui, sans doute, ma chère, et vous avez raison; mais entre nous soit dit, Sylvandire, je ne crois pas que vous teniez le moins du monde à vivre avec maître Bouteau.

— Vous vous trompez, monsieur, j'aime fort mon père, et d'ailleurs je ne prétends point m'exiler ainsi.

— Vous appelez exil un séjour fait en ma compagnie. Oh! le mot n'est point gracieux, Sylvandire,

— Mais, mon ami, répliqua d'un ton fort radouci, la jeune femme qui, dans une première discussion, n'osait pas s'avancer plus avant, ne sommes-nous pas assez riches pour demeurer à Paris, et même pour y vivre magnifiquement?

— C'est vrai, répondit Roger ; seulement, je voulais savoir si vous teniez plus à Paris que vous ne tenez à moi ; du premier coup, vous m'avez fixé, merci!

—Oh! mais pas du tout, et vous vous trompez, s'écria Sylvandire avec effusion, aussitôt que Roger eut commis l'imprudence de laisser voir que sa résolution n'était qu'un jeu; point du tout, je vivrai où vous voudrez, cher ami, et pourvu que je vive près de vous, c'est tout ce qu'il me faut.

Elle était bien sûre, en disant cela, de revenir promptement à Paris.

—Oui, dit Roger, mais vous préférez, n'est-ce pas, que nous retournions dans la capitale et que nous nous divertissions un peu cet hiver.

— Vous avez tort, mon ami, de croire cela ; je n'ai pas de préférence pour un lieu plutôt que pour un autre, et je veux tout ce que vous voudrez.

Que répondre à une femme si soumise, sinon d'aller au devant de ce que l'on suppose être son désir.

Roger ordonna donc qu'on fît immédiatement les préparatifs du départ, et ils revinrent à Paris.

Roger avait peu de connaissances, excepté ses anciens amis ; Sylvandire n'en avait pas du tout ; car ce n'est pas ce qu'on appelle des connaissances que les juges, les conseillers et les avocats, qui fréquentaient maître Bouteau. On se contenta donc de faire écrire à Cretté, à d'Herbigny, à Clos-Renaud et à Chastellux, que l'on était de retour à Paris, que l'on dînait tous les jours à deux heures, et que l'on recevait tous les soirs à huit.

Madame d'Anguilhem fit à merveille les honneurs de l'hôtel Bouzenois et fut généralement trouvée charmante.

Le premier soir le marquis de Cretté tira Roger à part et l'ayant conduit dans l'embrasure d'une fenêtre :

— Mon cher chevalier, comme je désire n'être jamais exclus de votre maison...

— Comment être exclus de ma maison, interrompit Roger, que dites-vous?

— Mon cher, vous êtes jeune, dit Cretté, vous avez le cœur plein de pureté et l'esprit plein d'innocence; or, apprenez une chose, c'est que si les amis de la femme sont presque toujours ceux du mari, les amis du mari sont rarement ceux de la femme.

— Pourquoi cela?

— Oh! pourquoi?... ce serait trop long à

vous raconter, et je ferai peut-être un jour deux ou trois volumes là dessus, quand je saurai l'ortographe. Je vous disais donc que quelque chose qu'on vous dise contre moi, je vous permets de le croire, excepté cependant si l'on venait vous dire que je fais la cour à madame d'Anguilhem. Vous me connaissez, Roger. Je vous donne ma foi de gentilhomme que votre femme me sera toujours aussi sacrée que si elle était ma sœur.

— Et jamais vous ne serez traité chez moi autrement que comme un frère, répondit Roger, jamais vous ne serez exclus de ma maison que lorsque il vous plaira de vous en exclure vous-même. Périssent femme et fortune plutôt qu'une amitié comme la nôtre.

— Ainsi soit-il, répondit Cretté.

Le marquis se montra en effet très assidu chez le chevalier, mais il eut la délicatesse de n'y arriver jamais seul, et de faire des heures de tout le monde ses heures à lui. Puis, presque toujours il sortait avec le cortége d'amis qu'il avait amené. Bref, fidèle à sa promesse, Cretté ne fit sa cour qu'au mari; ce qui fut cause que madame d'Anguilhem commença par le mépriser comme un indifférent et finit par le haïr comme un ennemi.

En peu de temps, au reste, l'hôtel Bouzenois, devenu hôtel d'Anguilhem, fut un rendez-vous de bonne compagnie. Sylvandire, belle et gracieuse, attirait les galants, comme le miel attire les mouches. Mais Cretté, ferme au poste avec d'Herbigny et Clos-Renaud, chassait les mouches avec ses airs vainqueurs et ses plaisanteries toujours approuvées de Roger. Aussi six mois se passèrent sans que madame d'Anguilhem, quelque bonne envie qu'elle en eût peut-être au fond, fît en rien parler d'elle.

Elle eût pourtant fort désiré d'approcher de Versailles, et elle avait à ce sujet tourné ses batteries vers la dévotion; mais le marquis et ses amis s'étaient tout à fait déclarés contre *la vieille*, c'était ainsi qu'on appelait madame de Maintenon : contre *le jésuite*, c'est ainsi qu'on appelait le père Letellier; contre *l'anticaille*, c'est ainsi qu'on appelait les courtisans; et contre la vieille *machine*, c'est ainsi que l'on appelait Louis XIV.

En cela, comme toujours, Roger s'était rangé à l'opinion de son ami, et comme Sylvandire insistait pour qu'on reçût chez elle une société plus chrétienne, il signifia qu'il ne comptait pas faire de l'hôtel un monastère, et que si les abbés y paraissaient, il opposerait aux petits collets noirs, des mousquetaires de toutes les couleurs.

Il y avait loin, comme on le voit, du Roger de Paris au Roger d'Amboise, du mari de

Sylvandire à l'amant de Constance, du libertin révolté contre la soutane, à l'écolier qui voulait se faire jésuite.

Sylvandire, qui ne se sentait pas la plus forte, fut obligée de céder.

Vers ce temps-là, M⁰ Bouteau sollicita une place de président. Roger parla des désirs de son beau-père à Cretté, et Cretté, avec son obligeance habituelle, se mit en campagne lui et ses amis; mais quelques instances qu'ils missent dans leurs sollicitations, quelques mines qu'ils fissent jouer, ils virent parfaitement que, réduits à leurs propres forces, ils ne réussiraient pas.

Quelqu'un parla alors à M⁰ Bouteau d'un certain marquis de Royancourt, grand avaleur de messes et fort en faveur près de la Maintenon. M⁰ Bouteau se rappela que justement trois ou quatre ans auparavant, ce même marquis de Royancourt avait eu, devant le tribunal dont il était conseiller rapporteur, un procès qu'il avait gagné.

M⁰ Bouteau alla faire une visite à M. de Rayancourt, qui le reçut très bien et lui rappela la circonstance du procès, que celui-ci se remémora parfaitement.

Or, comme Mᵉ Bouteau pensa que la recommandation d'une jolie femme ne gâterait rien à son affaire, il demanda à Roger la permission de présenter, à lui et à sa femme, M. de Royancourt; présentation à laquelle Roger, sans défiance aucune, ne s'opposa en rien.

Le marquis de Royancourt fut donc présenté à Roger, auquel il fit mille politesses, et à Sylvandire, qui baissa modestement les yeux.

Roger rendit toutes ses gracieusetés à M. de Royancourt, moitié par courtoisie, moitié parce qu'il valait mieux être bien que mal avec lui ; c'était un favori tout puissant admis aux soupers sobres de madame de Maintenon, et trônant dans l'antichambre du père Letellier.

Le surlendemain de cette première visite, Me Bouteau fut nommé président.

Il était tout naturel qu'on reçût de son mieux un homme à qui on avait de si grandes obligations. Aussi, à sa seconde visite, le marquis fut-il encore plus fêté qu'à la première. De son côté, M. de Royancourt dit au chevalier d'Anguilhem qu'on devait s'étonner qu'un homme comme lui, jeune, riche et de mérite, ne sollicitât point quelque charge à la cour ou dans l'armée, et il lui offrit obligeamment ses services. Roger qui de tout temps avait eu un certain fond d'ambition dans le cœur, ne répondit que par des remercîments empressés. Jusque-là le marquis, il avouait la chose, à Cretté qui avait contre le nouveau-venu une certaine antipathie, jusque là le marquis, disons-nous, lui paraissait fort gracieux et fort obligeant.

Mais, comme nous l'avons dit, il y avait dissidence entre les deux amis. Cretté voyait le marquis de Royancourt d'un fort mauvais œil, il savait combien étaient tortueuses les menées de ces courtisans à bigottes allures qui étaient venus se poser comme des éteignoirs sur toutes les joies lumineuses qui avaient marqué les deux premiers tiers du règne du grand roi. On n'eût certainement pas joué Tartuffe à l'époque où M. de Royancourt avait du crédit.

De son côté, Sylvandire sollicitait de son mari d'accepter les offres du favori de madame de Maintenon.

— Nous serons admis à Versailles, disait-elle ; nous y aurons peut-être même l'appartement.

— Pourquoi faire, répondait Cretté ; n'est-il pas bien meilleur d'être maître de soi-même comme l'est Roger, que d'obéir aux caprices maussades d'un vieux roi toujours de mauvaise humeur et que personne ne parvient plus à amuser, même madame de Maintenon? Quant aux appartements, vous en avez dix ici bien autrement commodes, je vous en réponds, que ne le sont ceux de Versailles. Passe encore si on donnait à d'Anguilhem un régiment ; mais de par tous les diables, quoique d'Anguilhem soit à la fois brave comme Alexandre, comme Annibal et comme César, d'Anguilhem ne me paraît pas avoir la moindre vocation pour la guerre. J'en avais un régiment, moi ; eh bien ! je l'ai vendu. Je reprendrai de l'activité quand madame de

Maintenon ne sera plus ministre de la guerre.

— Vous, monsieur, répondait aigrement Sylvandire, vous avez épuisé les plaisirs et les honneurs, et je comprends que vous parliez ainsi ; mais M. d'Anguilhem et moi nous y sommes neufs et nous en avons soif.

Cretté fixait alors sur son ami un regard interrogateur, et Roger répondait à ce regard par un signe négatif. Sylvandire battue allait trouver son père et envoyait maître Bouteau à la charge ; maître Bouteau faisait avancer M. de Royancourt.

Il arriva qu'un jour de festin, un mercredi, je crois, M. de Royancourt, qui faisait maigre quatre fois la semaine, affecta de ne manger que du poisson, et reprocha au chevalier avec politesse, mais assez sévèrement néanmoins, le peu de cas qu'il faisait des commandements de l'Eglise.

Cretté et ses amis s'attendaient à ce que d'Anguilhem allait répondre vertement à cet importun personnage : mais ils attendirent quelque temps : enfin Roger répondit, mais moins vertement que ne le méritait l'inconvenante apostrophe du marquis.

— Allons, allons, dit tout bas Cretté à son ami, nous baissons et le Royancourt monte ; méfie-toi, d'Anguilhem, méfie-toi, tu es gouverné.

En effet, M. de Royancourt était devenu commensal de l'hôtel; il arrivait avec grand train, avec des chevaux magnifiques, avec des valets insolents. Sylvandire apprenait de lui toutes les nouvelles du grand monde, où elle brûlait de s'introduire et qui lui était fermé, comme un de ces jardins enchantés des *Mille et une Nuits* qui sont sous la garde d'un dragon.

Le dragon qui lui défendait l'entrée de ce jardin, c'était le marquis de Cretté, aussi le haïssait-elle cordialement.

De son côté Roger commençait à voir clair dans tout ce manége, et le nouveau venu l'impatientait fort.

— Ce Royancourt m'ennuie considérablement, dit un matin Roger à son ami, il a conduit hier ma femme et le beau-père chez ce jésuite de Letellier, toutes ces capucinades là ne me vont point.

— Eh bien! retire-toi de tout cela, dit Cretté qui était venu avec Roger à la plus cordiale familiarité, emmène Sylvandire en Touraine, laisse-moi plein pouvoir, et pendant ton absence, sois tranquille, je ferai maison nette.

— Parbleu! c'est une idée, dit Roger.

Là dessus, il prépara tout pour son départ, mais sans rien dire à personne; seulement, deux heures avant de monter en voiture, il prévint Sylvandire qu'il l'emmenait à la campagne.

Sylvandire demeura atterée de ce coup d'audace dont elle eût cru Roger incapable, puis elle voulut discuter cette résolution; mais Roger maintint sa volonté; puis elle pleura, mais Roger fut insensible à ses larmes. Puis le moment vint, et il fallut partir sans recevoir les adieux de maître Bouteau ni de M. de Royancourt.

— Oh! c'est monstrueux, dit Sylvandire, en montant en voiture.

— Mais, répondit le chevalier, en prenant sa place auprès d'elle, mais, chère amie, puisque vous êtes bien, m'avez-vous assuré, partout où je suis, de quoi vous plaignez-vous? Voyons?

— Monsieur, vous pouviez me prévenir, au moins, afin que je prisse congé de mon père et de mes amis.

— Impossible, cher ange; l'idée de partir moi-même m'est venue au moment où je vous l'ai communiquée.

— Est-ce que nous restons longtemps dans vos terres? D'abord, je vous préviens, moi, que je hais la province.

— Mais rien ne nous force à y demeurer éternellement. Nous y resterons tant qu'il nous plaira, à tous deux.

Et sur ce, le postillon fouetta ses chevaux et la voiture partit au grand galop.

Au quatrième relai on s'arrêta pour souper; Sylvandire demanda à donner de ses nouvelles à son père, ce à quoi Roger ne s'opposa nullement.

Sylvandire écrivit alors une lettre dont Roger eut la délicatesse de ne point chercher à connaître le contenu ; cependant, cette lettre achevée, il vit que Sylvandire continuait d'en écrire d'autres ; cela lui donna quelques soupçons. Mais ce que Roger craignait avant toutes choses, c'était une première scène un peu sérieuse ; car il savait que le lac conjugal troublé une fois, ne redevient jamais parfaitement pur.

Il ne voulut pas davantage questionner la fille de chambre qui porta la lettre à la poste ; il lui semblait indigne de communiquer ses soupçons à de pareilles espèces ; puis enfin, peut-être, comptait-il que son étoile, heureuse, jusque-là, resterait toujours brillante.

A Chartes, Sylvandire demanda à s'arrêter quelques heures pour prier dans la cathédrale. Comme depuis l'entrée de M. de Royancourt dans la maison, Sylvandire ainsi que nous l'avons dit avait affecté une grande piété, cette demande n'étonna point Roger; seulement attendu qu'il ne savait que faire, lui, pendant ces trois ou quatre heures, il prévint Sylvandire qu'il allait prendre un cheval et rendre une visite à d'Herbigny qui avait une maison de campagne aux environs. Sylvandire s'achemina donc vers la cathédrale, et Roger vers la demeure du vicomte. Roger y resta trois heures, mais comme il était moins lié avec d'Herbigny qu'avec Cretté, il ne lui dit rien autre chose, s'inon qu'il allait avec sa femme faire un voyage d'agrément en Touraine.

A son retour à l'hôtel, Roger apprit que

Sylvandire n'était pas rentrée, il l'attendit une heure environ. Puis voyant qu'elle ne revenait pas, il s'achemina vers la cathédrale. Sylvandire n'était pas plus à la cathédrale qu'à l'hôtel ; il revint donc à la Croix-d'Or, fit demander l'hôte et s'informa près de lui. Il apprit alors que Sylvandire était partie dans sa chaise de poste avec sa fille de chambre : ce coup le frappa rudement, mais cependant il conserva toute sa présence d'esprit et dit à l'hôte :

— Rien ne lui a manqué, n'est-ce pas?

— Non, monsieur, répondit l'hôte, et madame paraissait fort satisfaite.

— C'est au mieux, répondit Roger en remontant chez lui la rage dans le cœur.

Il rentra dans la chambre qu'avait occupée sa femme et trouva sur la toilette encore tout embarrassée, une lettre de Sylvandire, sur laquelle son adresse était tracée d'une petite écriture très ferme et très hardie.

Voici ce que contenait cette lettre :

« Monsieur, vous avez cru devoir m'emmener en me prévenant deux heures d'avance. Moi qui suis une femme et qui, à ce titre, crois avoir quelques priviléges de plus que vous, je retourne à Paris et vous préviens deux heures après.

» SYLVANDIRE.

» Continuez votre route ou revenez. Ne vous gênez point. Vous savez que j'ai mon père et ma maison à Paris. »

— Elle se moque de moi, dit Roger; mais elle me le paiera. Ah! Cretté! tu avais bien raison, je ne suis plus le maître; mais qu'on attende cependant, et on verra.

X.

Comment l'horizon conjugal du chevalier d'Anguilhem tourna tout à fait à la tempête.

Comme nous l'avons dit, le coup avait été rude, d'autant rude qu'il frappait un homme encore au commencement de sa vie, encore à l'aurore de ses illusions; un cœur qui avait beaucoup souffert déjà, et dont le bonheur avait été trop court pour l'avoir blasé.

X.

Comment l'horizon conjugal du chevalier d'Anguilhem tourna tout à fait à la tempête.

Comme nous l'avons dit, le coup avait été rude, d'autant rude qu'il frappait un homme encore au commencement de sa vie, encore à l'aurore de ses illusions; un cœur qui avait beaucoup souffert déjà, et dont le bonheur avait été trop court pour l'avoir blasé.

Roger ressentit donc à la fois toutes les atteintes de la colère, de la honte et de la jalousie.

Il donna l'ordre à Breton, son valet de chambre, d'aller commander trois chevaux de poste, et dès que les chevaux furent arrivés à la porte de l'hôtel, il sauta sur l'un d'eux, Breton sur l'autre ; le postillon enfourcha le troisième et tous trois partirent au grand galop.

Le mouvement est un des besoins irrésistibles des cœurs tourmentés ; le galop du cheval qui vous emporte vers un malheur plus grand peut-être, vers la certitude, mais aussi quelquefois vers la vengeance, est une espèce de baume physique versé sur les plaies de l'âme. On voit le chemin disparaître, on voit les arbres fuir, on sent qu'on avance, qu'on approche, qu'on arrive; mille fiévreuses visions vous passent devant les yeux, mille projets plus insensés les uns que les autres s'échafaudent et se renversent dans votre cerveau. Plus le cheval s'alonge sous soi, plus on le presse. Il y a un démon qui vous crie à l'oreille : Plus vite ! plus vite ! plus vite !

Roger fit la route en cinq heures sans se reposer un instant, que pour changer de cheval; et cependant il ne rejoignit pas Sylvandire. Breton était moulu, lui ne ressentait même pas sa fatigue.

Quand Roger entra dans la cour de l'hôtel, Sylvandire était revenue depuis une heure et demie. Roger entra tout botté, tout poudreux et le fouet à la main dans le salon. Sylvandire était déjà habillée en toilette du soir et gracieusement accoudée sur un canapé. Elle causait avec M. de Royancourt et trois ou quatre de ses amis qu'il avait présentés à l'hôtel d'Anguilhem.

Tant d'audace confondit Roger; il sentit les jambes qui lui manquaient; il s'appuya contre la porte; il était pâle comme la mort.

—La fable de M. de La Fontaine, murmura Roger, la Lice et sa compagne. Ils sont quatre; bien, j'amenerai Cretté et deux amis, puis nous irons faire un tour derrière le couvent du Saint-Sacrement.

Mais à l'arrivée de Roger chacun se leva et s'empressa autour de lui, faisant au nouvel arrivant tant de politesse que c'eût été d'un manant que de ne pas attendre une autre occasion de se fâcher.

D'ailleurs, Roger sentait instinctivement que cette occasion ne pouvait lui échapper un jour ou l'autre.

Quant à Sylvandire, elle se contenta de faire un signe de la main; puis avec un petit geste plein d'une boudeuse coquetterie.

— Quoi ! vous paraissez ainsi défait, dit-elle ; oh! le vilain mari que vous faites; il me semblait que je méritais bien que l'on fît un peu de toilette pour entrer chez moi. N'allez-vous pas vous ajuster mieux, mon ami ?

Roger fut bouleversé de cet aplomb; il lui prit grande envie de faire à l'instant même maison nette avec le fouet qu'il tenait à la main; mais la crainte du scandale le retint.

— Vous avez raison, madame, répondit-il, mais comme vous saviez que j'allais revenir, j'espérais vous trouver un peu plus seule.

Et il regarda fixement M. de Royancourt

pour lui faire sentir que c'était surtout à lui que l'admonestation s'adressait.

En gens comme il faut, les trois amis de M. de Royancourt comprirent qu'ils devaient lever le siége. Ils se retirèrent donc incontinent. Quant à M. de Royancourt, il demeura quelques instants après eux; puis, se levant à son tour, il salua Sylvandyre et Roger, et opéra sa retraite qu'il n'avait retardée sans doute que pour protester tacitement contre l'ordre du mari.

— Eh quoi, monsieur, dit Sylvandire, lorsque M. de Royancourt se fut retiré, c'est ainsi que vous chassez les gens de chez moi !

— Qu'appelez-vous *chez moi,* madame dit Roger ; il me semble d'abord que c'est chez nous qu'il faudrait dire.

— Chez nous, chez vous ou chez moi, peu m'importe, je ne discuterai pas sur les mots;

mais, une fois pour toutes, j'entends recevoir ici qui bon me semble.

— Et moi, je prétends chasser d'ici qui j'y trouve mauvais.

— Vous êtes un gentilhomme bien...

— Achevez, dites.

— Bien campagnard.

— Et vous une petite robine bien délurée.

— Monsieur, croyez-vous me faire peur ?

— Peur ou non, vous allez repartir sur-le-champ avec moi pour Anguilhem; seulement, cette seconde fois, vous n'en reviendrez pas aussi vite que vous en êtes revenue la première.

— Vous me parlez ainsi parce que vous me croyez seule et abandonnée, dit Sylvandyre, rompant toute mesure ; mais je vous préviens que vous vous trompez, et vous trouverez, je vous le jure, des gens qui vous feront repentir de vos procédés envers moi.

— Ah! votre marquis de Royancourt, s'écria Roger exaspéré. Ah! vous voulez parler de votre marquis de Royancourt, n'est-ce pas, madame. Eh bien, dans une heure d'ici, votre marquis de Royancourt aura de mes nouvelles et de par Dieu, si comme j'ai cru m'en apercevoir tout à l'heure, il ne comprend ni mes regards, ni mes paroles, il comprendra du moins mes gestes, je l'espère.

Sylvandire connaissait d'Anguilhem, par l'affaire des Kollinski, laquelle avait fait du bruit de par le monde ; d'ailleurs elle avait souvent entendu parler du courage et de l'adresse de son mari par Cretté et par d'Herbigny, elle eut donc grand peur pour ce qui allait se passer, et s'élançant après Roger, elle l'arrêta comme il mettait le pied sur l'escalier pour remonter chez lui afin de changer de costume, car Roger était un de ces hommes qui comprennent parfaitement que lorsqu'on fait l'honneur à son ennemi de lui proposer de se couper la gorge, il faut faire cette proposition avec un habit de velours et des manchettes de dentelles.

Mais Sylvandire ne voulait pas de scandale puis elle avait fait de grands projets sur M. de Royancourt.

Elle se cramponna donc, comme nous l'avons dit, aux mains de Roger, et chercha par des pleurs à calmer cette grande colère. C'était la première fois que Roger voyait pleurer Sylvandire. Son cœur n'était pas de bronze; aussi dans cette lutte où il eût dû gagner, au moins le champ de bataille, il perdit tout. Le même soir, M. de Royancourt faisait dans le salon sa partie de trictrac avec maître Bouteau, et Sylvandire souriait.

Le même soir, Cretté apprenant le retour de son ami, se présenta à l'hôtel d'Anguilhem; mais des ordres avaient été donnés par Sylvandire, et il lui fut répondu que monsieur et madame étaient bien réellement revenus, mais qu'ils ne recevaient pas.

Le lendemain, le marquis écrivit à Roger qu'il ne remettrait jamais les pieds chez lui, attendu qu'on lui avait refusé la porte de l'hôtel, tandis qu'il avait vu dans la cour, au pied du perron, le carrosse de M. de Royancourt.

Il ajouta que c'en était fait à tout jamais de leur amitié.

Roger, au désespoir, courut chez Cretté, mais il le trouva profondément blessé.

Roger n'eût pas de peine à lui persuader

qu'il n'ét ait pour rien dans l'ordre donné la veille. Sylvandire lui avait assuré que c'était un malentendu, et il tenait absolument à convaincre son ami sur ce point. Mais Cretté savait à quoi s'en tenir, aussi ne revint-il que difficilement et à une condition.

— Ecoute, chevalier, dit le marquis, ce refus est une insulte, une insulte faite par tes gens et qui, par conséquent, aux yeux du monde, vient de toi ; il me faut donc une réparation. Un jour que ma voiture sera devant ta porte, on fera à M. de Royancourt la même réponse qu'on m'a faite. A cette condition, j'oublie ce qui s'est passé et je n'en parle plus jamais

Roger promit au marquis qu'il serait fait ainsi qu'il le désirait.

Puis, il revint chez lui et signifia à sa

femme l'engagement qu'il venait de prendre vis-à-vis de son ami.

Sylvandire se mit à rire.

Mais Roger n'était nullement en train de plaisanter, et il insista très sérieusement, en prononçant pour la première fois ce mot terrible qu'une femme n'oublie jamais, et dont un mari se repent toujours :

— Je le veux.

Alors ce fut une horrible querelle; Sylvandire se montra ce qu'elle était réellement, un véritable despote, et il y eut entre les deux époux une longue succession de : —Je le veux! et de : — Je ne le veux pas !

—Eh bien ! si vous ne le voulez pas, dit enfin Roger qui crut triompher par un de ces mots effrayants pour une honnête femme;

eh bien ! si vous ne le voulez pas, je croirai , madame, que vous avez pour M. de Royancourt de singuliers sentiments.

— Croyez ce qu'il vous plaira de croire, répondit Sylvandire.

— Si M. de Royancourt ne sort pas de chez moi, dit Roger, alors ce sera moi qui en sortirai ; mais prenez-y garde, madame , pour n'y plus rentrer.

— A votre aise , monsieur ; le monde est grand, vous êtes jeune, et le voyage vous formera.

— Je pars à l'instant même, madame, songez-y.

— Partez, monsieur , je ne vous arrête pas, répondit Sylvandire.

Roger avait fait fausse route, il s'en aperçut, mais il était trop tard : au lieu de discuter avec sa femme, il aurait dû donner des ordres à sa porte et tout eût été dit.

Il avait entamé une polémique, et le démon de l'adresse féminine l'avait emporté sur sa naïve colère.

— Eh bien ! vous êtes encore là ? dit Sylvandire en voyant qu'il s'était arrêté, stupéfait de tant d'audace.

Roger fit trois pas vers cette femme éhontée, mais le sentiment de sa propre dignité le retint.

— Breton, dit-il à son valet de chambre, mes malles et ma chaise dans une heure.

Puis il sortit du salon, sans que Sylvandire fît un pas ou dît une parole pour le retenir, et remonta chez lui.

L'heure se passa; ce fut certes une des heures les plus agitées et les plus douloureuses de la vie de Roger. Au moindre bruit, il tressaillait et prêtait l'oreille, car il croyait voir entrer sa femme le repentir dans le cœur, la prière sur la bouche, les larmes aux yeux : Il eût donné dix ans de sa vie pour que Sylvandire fît une pareille démarche. Mais il aurait aussi perdu sa vie tout entière plutôt que de faire un pas vers elle; il avait pour seule vertu en pareil cas, l'entêtement. C'est beaucoup d'avoir au moins la tête forte, lorsqu'on a le cœur faible.

L'heure écoulée, au milieu d'angoisses et de battements de cœur qu'il est impossible de rendre, Roger prit son chapeau et descendit au salon.

Sylvandire était seule et brodait au tambour.

— Ainsi, c'est une chose décidée, dit-elle, d'un ton aussi dégagé que s'il se fût simplement agi d'une promenade au bois de Satory, — vous nous quittez?

— Oui, madame, répondit Roger stupéfait d'un pareil sang-froid, et j'ai l'honneur de vous saluer.

— Quand nous reverrons-nous?

— J'aurai l'honneur de vous en instruire.

— Adieu, chevalier.

— Adieu, madame.

Et refusant la main que Sylvandire lui tendait, Roger descendit précipitamment l'escalier du perron, monta dans sa chaise et cria tout haut :

— Touche à l'hôtel Cretté.

A ce mot, il eut la satisfaction d'entendre Sylvandire fermer, avec rage, la fenêtre du salon qui était restée entr'ouverte, et derrière laquelle elle regardait ce qui se passait.

Cretté plaignit sincèrement son ami.

Roger voulait aller trouver M. de Royancourt, le provoquer, se battre avec lui, mais Cretté le retint.

— Mon cher, lui dit-il, ta position est fausse; il ne faut en vouloir qu'à toi-même, tu l'as faite ainsi, il fallait prendre patience, épier ta femme et le marquis, surprendre quelques preuves, et alors appuyé de ces preuves, faire appeler M. de Royancourt. Mais tu n'as rien vu, tu ne sais rien, hier encore tu as reçu cet homme chez toi, s'est-il passé du nouveau depuis hier, as-tu depuis hier quelque chose à lui reprocher? non; il n'est pas même entré chez toi. M. de Royancourt te répondrait qu'il ne sait ce que tu veux dire, que tu es un visionnaire, et tout le monde te donnerait tort, moi tout le premier.

— Que me conseilles-tu donc, alors?

— Mais dam! de partir, puisque tu as annoncé que tu faisais un voyage, Vas en Italie, en Allemagne, en Angleterre; prends une danseuse, prends quelque chose qui te distraise, enfin.

— Je déteste les femmes !

— Eh bien ! oui, c'est connu cela; mais il n'y a rien qui console d'un amour comme un caprice. Tiens, il n'y a pas plus de huit jours que, sans la petite Poussette, je me serais brûlé la cervelle ou je me serais fait trappiste. Essaies-en.

— Non, je pars, je quitte Paris, j'y deviendrais fou si j'y restais.

— Pourquoi n'irais-tu pas faire un tour à Anguilhem ?

— Et quelle excuse donnerais-je de l'absence de ma femme ?

— Bah ! mademoiselle Constance ne t'en demandera pas.

— Constance m'a oublié, et elle a bien fait. Constance est mariée, sans doute... Ah ! Constance, Constance, quelle différence entre vous et Sylvandire !

— Ah ! mon cher, tu as bien raison ; rien ne ressemble moins à une femme qu'une autre femme. Eh bien ! vas en Angleterre, tu apprendras de belles choses sur la manière de réduire le sexe à l'obéissance : nos voisins d'outre-Manche sont extrêmement instruits sur cette matière.

— Ma foi, j'ai bien envie de suivre ton conseil. Ah! Cretté, Cretté! j'ai mille plaies au cœur...

Cretté embrassa son ami et n'essaya pas même de le consoler ; il savait parfaitement que contre de pareilles blessures, il n'y a de baume que le temps.

Roger partit pour l'Angleterre, il y séjourna trois mois, et vit deux Anglais malheureux en ménage, qui conduisaient leur femme au marché avec une corde au cou.

L'un vendit la sienne dix guinées et l'autre sept.

— Pardieu, dit Roger, je céderais bien la mienne pour rien, moi, et je donnerais même encore du retour.

Malheureusement Roger n'était pas Anglais.

Au bout de trois mois il lui prit envie de rentrer en France ; comme il était parfaitement libre et que rien ne s'opposait à ce qu'i la satisfît, il partit aussitôt pour Douvres et s'y embarqua.

Douze heures après il abordait à Calais, fort incommodé par la mer qui avait été des plus mauvaises. En mettant le pied sur le port, il trouva le valet de Cretté qui attendait l'heure de s'embarquer lui-même ; Roger le reconnut.

— Bon, te voilà Basque, lui dit-il ; que diable fais-tu là ?

— Ah ! mon Dieu, monsieur le chevalier,

répondit Basque, c'est le ciel qui veut que je vous rencontre : j'allais vous chercher.

— Et pourquoi faire?

— Pour vous remettre une lettre de mon maître. Mais parlons bas, s'il vous plaît, monsieur le chevalier, car il me semble que l'on nous écoute.

— Et qui nous écouterait, je te prie?

— Tout le monde, monsieur, tout le monde. Vous ne savez donc pas ce qui s'est passé là-bas?

— Où, là-bas?

— A Paris.

— Il y a trois mois que je n'en ai reçu aucune nouvelle.

— Eh bien ! mon maître a été interrogé avant-hier au matin et menacé de la Bastille ?

— Allons donc, Cretté, menacé de la Bastille ?

—Oui, monsieur le chevalier, c'est comme je vous le dis.

— Et pourquoi de la Bastille ?

— Parce qu'il a appelé M. de Royancourt en duel, lequel n'a pas voulu se battre.

— Et tu dis que tu as une lettre pour moi ?

—Oui, monsieur.

—Qui me donne tous ces détails?

— Probablement.

— Alors, remets-moi cette lettre.

— Ah dam ! monsieur, ce n'est pas facile ici, attendu qu'elle est cousue dans la doublure de ma veste, mais si monsieur le chevalier veut revenir avec moi à l'hôtel du Dauphin.

— Mais pourquoi toutes ces précautions?

—Monsieur va sans doute en être informé tout à l'heure en lisant la letrte de mon maître. Quand M. le marquis a vu entrer les exempts dans l'hôtel, il s'est méfié de quelque chose, il a écrit sur-le-champ cette lettre pour M. le chevalier, il m'a ordonné de la bien cacher, puis il m'a dit : va, petit Basque, et cours jusqu'à ce que tu rencontres le chevalier d'Anguilhem. Je suis parti aussitôt et me voilà.

— Alors viens à l'hôtel sans plus tarder, mon ami, car j'ai grande hâte d'avoir cette lettre.

Tous deux s'éloignèrent aussitôt à grands pas, et arrivés au Dauphin, ils montèrent dans une chambre et s'enfermèrent.

— Je manque de respect à monsieur, en ôtant ma veste devant lui, dit Basque, mais je ne puis en agir autrement.

— Va toujours, et fais vite, mon enfant.

Basque ouvrit la doublure de sa veste et en tira un billet qu'il remit à Roger.

Roger l'ouvrit avec avidité, et lut ce qui suit :

« Mon cher chevalier,

» Voilà la quatrième lettre que je t'écris : on a sans doute intercepté les trois autres. Ta femme est disparue, et malgré les recherches que j'ai faites, je n'ai pu découvrir où elle est. Hier matin j'ai rencontré M. de Royancourt sur le Cours la Reine, et comme je ne faisais aucun doute qu'il ne fût pour quelque chose dans la disparition de Sylvandire, je lui ai dit tout haut qu'il était un misérable. Là-dessus, croyant qu'il allait me répondre en gentilhomme, j'ai mis l'épée à la main; mais je me trompais. A mon grand étonnement, M. de Royancourt a fait semblant de ne pas m'avoir entendu. Au même instant j'ai aperçu des exempts qui s'avançaient de mon côté et d'Herbigny m'a fait esquiver. Hier soir je lui ai envoyé Clos-Renaud et Chastellux pour prendre son heure; mais ils n'ont pas été reçus; ce matin on entre probablement pour m'arrêter. Je t'expédie Basque; s'il te rencontre par bonheur, ne perds pas un instant, et reviens bien vite à Paris pour éclaircir tout cela. »

— Oh! oui, s'écria Roger, oui, je pars pour Paris.

Et il fit aussitôt venir un cheval de poste, avec la résolution bien arrêtée, puisque l'imprudence de sa femme lui en offrait les moyens, de tuer tout ce qu'il rencontrerait,

M. de Royancourt et ses amis, fussent-ils cent, fussent-ils mille, et, comme on le pense bien, la rapidité de la route ne fit qu'allumer son sang. Mais arrivé au Bourg-la-Reine, comme le chevalier allait entrer dans Paris, un exempt arrêta sa chaise en le saluant jusqu'à terre. Roger eut d'abord envie de le percer de part en part avec son épée, et de commencer par lui la boucherie qu'il méditait; mais l'exempt fit trois pas en arrière et tirant un papier de sa poche :

—De par le Roi, dit-il, chevalier d'Anguilhem, je vous somme de rendre votre épée.

Or, comme c'était une chose fort grave que de tuer un exempt, le chevalier y regarda à deux fois, et à la seconde, remit son arme au fourreau.

Une heure après, le chevalier était écroué au Fort-l'Évêque.

XI.

Comment le chevalier d'Anguilhem, voyant qu'on ne lui donnait pas la permission de sortir, résolut de sortir sans permission.

Un homme à qui la foudre tombe sur la tête n'éclate pas en sanglots et en gémissements, il demeure, au contraire, privé de sens, hébété, immobile, anéanti ; mais sous cette apathie apparente, la nature agit, les rapports des sens et des organes un instant interrompus se rétablissent dans son être, et le sentiment lui revient lorsqu'il a repris assez de forces pour sentir sa position et la supporter.

Roger entra donc au Fort-l'Évêque comme un homme foudroyé ; il n'avait pas averti Basque de sa résolution ; il lui avait, au contraire, recommandé de se coucher, ce que Basque avait fait avec reconnaissance, et tandis que le pauvre diable dormait les poings fermés, Roger avait sauté sur un cheval de poste et était parti à franc étrier pour Paris.

Il n'avait pas voulu se faire suivre de Basque, d'abord parce que le pauvre garçon était éreinté, ensuite de peur de compromettre Cretté. En outre il avait immédiatement brûlé la lettre qu'il avait reçue du marquis, afin que nul ne pût dire que le marquis était pour quelque chose dans sa résolution. Ce que lui avait dit Basque lui trottait par la tête, et il ne doutait pas que toutes les mouches de maître Voyer-d'Argenson ne fussent à ses trousses.

A dix lieues de Paris, il prit un carrosse : il avait fait cinquante lieues en quinze heures, et il était moulu. Dans le carrosse, il commença à reprendre ses esprits, mais il ne devinait encore rien. L'exempt se chargea de lui donner le premier mot de l'énigme en l'arrêtant.

Alors, comme nous l'avons dit, Roger avait été anéanti.

— Ah! l'on m'arrête, répétait-il tout le long du chemin; — ah! l'on m'arrête.

Et à chacune de ces exclamations, l'exempt saluait avec beaucoup de courtoisie, mais ne répondait pas.

Le carrosse entra dans la cour du château. Roger en descendit. Un homme en habit de velours nacarat, avec des boutons d'or, vint au devant de lui, et indiqua tout haut à un officier le logement de M. d'Anguilhem; puis il lut à demi-voix le procès-verbal d'arrestation qu'un des exempts avait griffonné dans le chemin en carrosse, sans même que le prisonnier s'en aperçût.

Puis il dit : — Très bien. — Et il fit signe que l'on conduisît le chevalier d'Anguilhem à la chambre qui lui était destinée.

Roger suivit son guide sans dire un mot, sans faire une observation.

On aurait en ce moment montré à Roger un échafaud couvert de drap noir, un billot et une hache; on lui eût fait signe de s'agenouiller devant le billot et de courber la tête pour recevoir le coup mortel, qu'il eût obéi sans la moindre hésitation. Les aventures qui se succédaient pour lui paraissaient toutes avoir des corrélations intimes dont il subissait les résultats sans en connaître les raisons; mais il allait toujours, il allait machinalement, baissant le front et acceptant son absurde destinée, comme en songe on accomplit sans hésitation et sans étonnement les plus monstrueuses folies.

C'est pourquoi il passa presque sans sentir, presque sans y voir, d'un escalier sombre dans une galerie assez belle, puis après la galerie il prit un escalier tournant, monta un nombre infini d'étages, passa de là dans un autre corridor, de ce corridor dans une espèce de grenier, puis de ce grenier dans une chambre petite, sombre, mais assez propre. La porte se referma derrière lui, les verroux craquèrent, et à ce bruit Roger se réveilla.

Il se trouva assis sur une espèce d'escabeau ; il secoua la tête, regarda autour de lui, se leva et fit le tour de sa chambre, ce qui ne fut pas long.

Puis, par un instinct plus fort que tous les autres besoins, il s'arrêta devant une fenêtre étroite et doublement grillée qui laissait à travers ses barreaux en croix pénétrer un peu d'air et de jour... le jour ! l'air ! la vie !... Ce pauvre Roger ! ce robuste gentilhomme campagnard, habitué à prendre tant de souffle vital dans ses larges poumons, alors qu'il chassait dans les plaines et dans les bois d'Anguilhem, il en était donc réduit à aspirer à travers une crevasse un souffle d'air, et un rayon de jour.

Nous disons, à aspirer, car la fenêtre était tellement étroite qu'on n'y pouvait passer la tête, elle était taillée à quatre angles vifs dans des pierres de taille immenses, deux grilles à un pied de distance l'une de l'autre se croisaient, comme nous l'avons dit, dans l'épaisseur du mur, puis à l'extrémité de la fenêtre le prisonnier apercevait un lambeau de ciel sur lequel rien ne se dessinait, ni arbres, ni girouettes.

Par les beaux jours Roger y cherchait un nuage, par les jours pluvieux Roger y cherchait un morceau d'azur.

La situation était triste, d'autant plus triste, que Roger avait souvent rêvé à tous les malheurs qui pouvaient lui arriver, afin de s'y préparer d'avance, et que jamais il n'avait songé à celui d'un emprisonnement, de sorte qu'il n'était nullement préparé à celui-là.

Il s'assit donc sur son escabeau pour réfléchir, puis il regarda la table vermoulue sur laquelle était jeté un méchant tapis, puis il se leva pour aller tâter son lit qui était fort dur, puis enfin revint s'asseoir sur son escabeau où il s'abandonna aux plus bizarres réflexions.

Il était en prison, c'était la chose incontestable ; mais qui l'avait fait mettre en prison, et pour quelle cause était-il en prison? voilà où était le problème à résoudre.

On ne sait pas jusqu'où va la pensée d'un homme qui n'a rien à faire qu'à penser ; celle de Roger parcourut tous les mondes et toutes les probabilités : d'abord et avant tout, il crut être victime d'une erreur.

Peut-être, se dit-il, mon père a-t-il conspiré dans sa province et me croit-on son agent.

Quoique M. le baron d'Anguilhem fut infiniment moins mécontent du gouvernement du roi Louis XIV, depuis qu'il avait hérité de M. de Bouzenois, son fils, qui l'avait souvent entendu se répandre en plaintes contre madame de Maintenon et contre le père Letellier, pouvait faire cette supposition, qui n'était point par trop absurde. Aussi pour le moment cette supposition satisfit-elle à peu près Roger.

— Je prouverai, dit-il, que je suis depuis trois mois en Angleterre, que j'en arrive directement, que depuis dix-huit mois je n'ai même pas été à Anguilhem, et que depuis un an je n'ai pas vu mon père. En face de pareilles raisons, mon innocence éclatera et l'on me mettra triomphalement à la porte.

Et Roger fut une demi-heure assez tranquille.

—Ah ! oui, dit-il au bout d'une demi-heure, mais si l'on croit que j'ai été en Angleterre pour m'entendre avec le prince d'Orange qui a voué une haine éternelle à Louis XIV. Si l'on croit que mon voyage avait pour but de fomenter des rébellions. Alors je suis perdu !...

Et Roger demeura une autre demi-heure tout désespéré.

— Mais encore ne se pourrait-il pas, se dit-il au bout de cette autre demi heure, que mon affaire se rattachât à celle de Cretté ?

En effet, il ne pouvait croire que ce fût à cause de son affaire avec M. de Royancourt que Cretté eût été arrêté, ou plutôt il ne pouvait croire que ce fût seulement à cause de cette affaire.

— Cretté, se disait-il, a la réputation d'être un ennemi de la vieille, et il l'est en effet, et il aura encouru sa disgrâce. Ce Royancourt doit l'exécrer. Le roi est sévère à l'égard des duellistes; peut-être avait-on fermé les yeux sur notre première affaire avec les Kollinski, et n'a-t-on cette fois épargné nos têtes que faute de preuves. Aujourd'hui sur une simple provocation de Cretté on établit une récidive. Oui, mais moi je suis fort innocent de tout cela, puisque j'étais à Londres, tandis que le marquis provoquait M. de Royancourt à Paris.

Puis, il pensait à sa femme.

— Elle a disparu, disait-il, croirait-on par hasard que je l'ai assassinée?

Alors et à ce souvenir, il ne pensait plus à rien qu'à la conduite étrange de sa femme vis-à-vis de lui ; alors et à ce souvenir, il tombait dans des accès de rage ; car Roger, on a dû s'en apercevoir, était jaloux comme un tigre, et l'on avouera que Sylvandire lui avait bien donné quelques motifs de jalousie.

L'heure de la promenade arriva ; on vint chercher Roger pour la promenade.

On permettait à chaque prisonnier une promenade de deux heures par jour.

Cette promenade avait lieu sur la plateforme.

Roger trouva sur la plate-forme huit prisonniers, huit compagnons d'infortune ; tous les huit d'accoutrements et de visages bien différents.

On pouvait presque lire sur leurs figures

et sur leurs habits, la date de leur incarcération.

A l'arrivée du nouveau venu, tous les prisonniers s'empressèrent autour de lui.

— Que dit-on de neuf à Paris, monsieur? s'écrièrent toutes ensemble les huit voix.

— Ma foi, messieurs, dit le chevalier d'Anguilhem, on dit que je viens d'être arrêté ; mais comme il y a cinq ou six heures que cet événement est arrivé, peut-être n'en parle-t-on déjà plus, et commence-t-on à s'occuper d'autre chose.

— Ah! l'on vous a arrêté?

— Parbleu! vous le voyez bien ; vous n'êtes pas ici pour votre plaisir, n'est-ce pas?

—Non certes.

—Eh bien! ni moi non plus.

— Mais pourquoi vous a-t-on arrêté, vous?

— Voilà! je cherche la cause de mon arrestation depuis ce matin, et si vous voulez me la dire, vous me tirerez véritablement d'une grande peine.

— Comment, vous ne savez pas pourquoi vous avez été arrêté?

— Non, et vous?

— Ni moi non plus.

— Et vous?

— Ni moi non plus.

— Et vous?

— Ni moi non plus.

Il se trouva que la même question adressée huit fois aux prisonniers, amena huit fois la même réponse.

Sur ces huit captifs, pas un ne connaissait la cause de sa captivité, et l'un d'eux cependant était au Fort-l'Évêque depuis dix ans.

C'était le plus calme et le plus résigné.

Roger frissonna. Il n'avait pas encore passé autant d'heures en prison que son compagnon y avait passé d'années.

Et cependant il y avait trouvé le temps de s'y ennuyer déjà très fort.

— Allons, pensa sourdement Roger, je suis un homme mort.

Mais comme on espère toujours que le

sort des autres, quand il est mauvais, ne sera pas le sien, Roger demanda à ses compagnons de captivité s'il n'était pas possible de parler à quelqu'une des autorités du château.

— Vous pouvez, quand il vous plaît, faire venir le gouverneur, lui répondit-on.

— Comment! je puis faire venir le gouverneur?

— Sans doute.

— En le demandant simplement?

— Tout simplement?

— Alors je le demande ce soir même; messieurs, je vous fais mes adieux.

— Comment! vos adieux?

— Certainement, car je n'aurai probablement pas l'honneur de vous voir demain.

— Pourquoi cela ?

— Parce que si je vois le gouverneur ce soir, je serai sans aucun doute élargi demain.

— Pauvre garçon ! murmurèrent les prisonniers en secouant la tête.

Exclamation et geste qui n'empêchèrent pas Roger de rentrer dans sa chambre tout joyeux.

On lui servit à dîner et il mangea fort résolument le pain et les légumes du roi.

Puis, vers la fin du repas, il pria le geôlier de dire au gouverneur du Fort-l'Evêque que son nouveau prisonnier avait grande envie de lui parler.

— Il est trop tard ce soir, répondit le geôlier ; mais sans faute M. le gouverneur montera demain.

— Vous en êtes sûr, mon ami ?

— J'en suis sûr.

— A demain donc, dit Roger, prenant patience en songeant qu'une nuit est bientôt passée.

Et il alla s'asseoir sur son escabeau pour suivre à travers les barreaux de sa fenêtre les derniers rayons du jour.

Il était là, regardant le ciel et perdu dans ses réflexions, lorsqu'il lui sembla entendre près de lui un petit bruit.

Il abaissa les yeux vers le plancher de sa chambre, et vit une souris qui grignottait les miettes de pain qui étaient tombées à terre.

Roger exécrait les souris ; il prit son chapeau et le jeta de toute volée à la pauvre petite bête, qui se sauva bien effrayée et repassa pardessous la porte, regagnant la grande chambre voisine, dans laquelle elle avait, selon toute probabilité, fait élection de domicile.

Roger fut un instant fort agité à l'idée des hôtes qui pouvaient lui venir faire visite pendant la nuit. Aussi, tant qu'il resta un rayon de jour dans sa chambre, demeura-t-il les yeux fixés sur cette petite ouverture. Puis, lorsqu'il fit nuit close, il prit le bouchon de sa bouteille qui était resté sur la table, et grâce à cet empêchement matériel opposé à une seconde visite ; il demeura assez tranquille.

Cependant il se réveilla trois ou quatre fois en sursaut, croyant toujours sentir de petites pattes qui lui couraient sur la figure et sur les mains ; mais à chaque fois il put se convaincre, qu'excepté lui, il n'y avait aucun être vivant dans sa chambre.

Il n'en était pas ainsi de la chambre voisine, qui semblait être le rendez-vous de toutes les souris, de tous les rats et de tous les chats du château,

Nonobstant cela, Roger passa une assez bonne nuit : il espérait.

Le lendemain à midi, heure qui lui parut bien longue à venir, un bruit inaccoutumé retentit dans son corridor. Des soldats présentaient les armes, des pas s'approchèrent de la porte de Roger, une clé tourna dans la serrure, la porte s'ouvrit, le gouverneur entra.

C'était un homme grand et sec, dont les lèvres remuaient à peine lorsqu'il parlait et dont les yeux ne disaient absolument rien. Il tenait son chapeau à la main pour n'avoir sans doute pas, à l'ôter en entrant.

— Monsieur le gouverneur, dit Roger en s'élançant à sa rencontre, je suis le chevalier Roger d'Anguilhem.

— Je le sais, monsieur, répondit le gouverneur en remuant imperceptiblement les lèvres.

— Vous le savez? demanda Roger avec étonnement.

Le gouverneur s'inclina.

— Eh bien ! puisque vous savez qui je suis, monsieur le gouverneur, je désirerais...

— Avez-vous à vous plaindre du régime de la maison, monsieur le chevalier ?

— Non pas encore, monsieur, je n'ai d'ailleurs pas eu le temps de savoir bien précisément ce qu'il est ; mais j'aurais désiré connaître...

— Ne manquez-vous de rien, monsieur le chevalier ?

— De rien, jusqu'à présent ; mais ne puis-je savoir ?...

— Quelqu'un des domestiques du château aurait-il manqué de formes envers vous, monsieur le chevalier ?

— Non, monsieur, j'ai même remarqué

la politesse de celui qui est chargé de me servir.

— En ce cas, monsieur le chevalier, puisque vous n'avez à vous plaindre de rien, permettez que je me retire.

— Pardon, monsieur pardon ; j'ai à me plaindre d'être en prison.

— Ah ! ceci ne me regarde pas, répondit le gouverneur.

— Mais enfin, pourquoi suis-je ici ?

— Vous devez le savoir mieux que moi, monsieur le chevalier.

— Mieux que vous ? et pourquoi cela ?

— Parce que cela vous regarde, tandis que, comme j'ai eu l'honneur de vous le dire, cela ne me regarde pas, et que je ne me mêle que de ce qui me regarde.

— Mais enfin, vous devez savoir...

— Je ne sais rien, monsieur.

— Mais enfin, vous devez deviner.

— Je ne devine rien, monsieur ; le roi m'envoie un prisonnier, je l'écroue, je le loge, je veille à ce qu'il ne manque de rien tant qu'il est mon pensionnaire. C'est là mon devoir, et je le remplis scrupuleusement.

— Mais le roi peut se tromper.

— Le roi ne se trompe jamais.

— Mais le roi peut avoir tort.

— Le roi n'a jamais tort.

— Et cependant je vous jure que je n'ai rien fait.

— Monsieur, permettez-moi de ne pas en entendre davantage.

— Monsieur, je vous proteste que je suis innocent.

— Monsieur, souffrez que je me retire.

— Mais au moins resterai-je longtemps ici, oui ou non, monsieur ? je vous en supplie.

— Tant qu'il plaira au roi, monsieur.

— Ah ! tenez, s'écria Roger, vous me rendez fou.

— Je suis bien votre serviteur, monsieur.

Et le gouverneur salua Roger et sortit, son

chapeau à la main, et toujours accompagné de ses gardes.

Cette fois, il sembla à Roger que la porte se refermait sur lui avec un bruit sinistre. Il lui sembla que de ce moment seulement il était prisonnier, il s'affaissa sur son escabeau, puis ses yeux fixes et mornes s'attachèrent sur cette porte, et peu à peu se remplirent de larmes.

Roger pensa à ses parents, à ses amis, à Dieu.

Alors toutes les histoires de captivité, plus terribles en cette époque qu'en aucune autre, lui revinrent en tête : Bassompierre, prisonnier dix ans à la Bastille; Lauzun, captif treize ans à Pignerol ; Fouquet, vivant ou mort on ne savait où. Il vit passer les uns après les autres devant lui tous ces gentilshommes enlevés la nuit, disparus. Matthioli, le Masque de Fer, et cet homme même qu'il avait vu la veille et qui était là depuis dix ans. Il est vrai que tous ces hommes avaient fait quelque chose ; Bassompierre avait essayé de lutter contre Richelieu ; Lauzun avait compromis une petite-fille de Henri IV ; Fouquet avait osé rivaliser de luxe avec Louis XIV ; Matthioli avait trahi un secret d'état ; le Masque de Fer était une énigme politique: mais lui, Roger, avait beau chercher dans sa mémoire, interroger son passé, scruter chaque jour de sa vie, il n'avait pas un crime, pas une faute, pas une imprudence à se reprocher, tandis que le monde entier savait les torts de ceux dont le souvenir se présentait à son esprit.

Mais le monde ne savait pas ce qu'avait fait cet homme qui lui avait parlé la veille, dont il ne connaissait pas même le nom et qui était là depuis dix ans.

Dix ans ! Mais cet homme n'avait donc ni parents pour solliciter sa grâce, ni amis pour faire des démarches près des ministres. Cet homme était donc tout à fait obscur. Mais s'il était obscur pourquoi depuis dix ans était-il au Fort-l'Evêque ?

Cela tourmenta beaucoup Roger pendant une heure ou deux, puis il en revint à se donner de si bonnes raisons à lui-même que peu à peu la sécurité que lui inspirait son innocence commença à reprendre le dessus et que toutes ces sombres idées s'évanouirent.

A l'heure de la promenade, Roger sortit comme la veille; comme la veille, fut conduit sur l'esplanade, où, comme la veille, il trouva ses huit compagnons.

Il s'approcha de celui qui était là depuis dix ans, et lui demanda son nom.

— Le comte d'Olibarus, répondit celui-ci.

Roger chercha dans sa mémoire, ce nom lui était parfaitement inconnu.

— Eh ! pour quelle cause êtes-vous ici ? Voyons, comte ! de vous à moi, dites-moi cela.

— Je ne puis vous répéter que ce que je vous ai déjà dit hier, monsieur, je n'en sais rien.

— Vous n'en savez rien ?

— Non monsieur.

— Mais, dit Roger, en baissant la voix, depuis dix ans que vous êtes prisonnier vous n'avez pas essayé de vous sauver ?

Le comte d'Olibarus regarda fixement Roger et lui tourna le dos sans lui répondre. Il le prenait pour un espion.

— Pardieu ! se dit Roger à lui-même, il me semble que si j'étais depuis dix ans ici, j'aurais déjà essayé dix fois de me sauver.

Puis il ajouta à part lui :

— Tiens, tiens, tiens, sans qu'il y ait dix ans que je sois ici, pourquoi n'essaierais-je pas de me sauver tout de même ?

Cette réflexion faite, Roger se rapprocha de ses compagnons ; mais tous s'éloignèrent de lui comme s'il avait la peste.

Le comte d'Olibarus leur avait fait part de ses soupçous, et la confidence portait ses fruits.

Roger ne put donc pas échanger une parole avec les autres prisonniers, ce qui le rendit de fort mauvaise humeur et l'affermit d'autant dans la décision qu'il avait prise mentalement de quitter le plus tôt possible le Fort-l'Evêque.

Il résolut donc, à partir de ce moment, de donner huit jours au roi pour réparer l'injustice qui avait été commise vis-à-vis de lui, et si au bout de ces huit jours l'injustice n'était pas réparée, de réunir alors toutes les facultés de son esprit sur un seul point.

Son évasion !

FIN DU SECOND VOLUME.

LAGNY. — Imprimerie de Giroux et Vialat.

www.ingramcontent.com/pod-product-compliance
Lightning Source LLC
Chambersburg PA
CBHW071503160426
43196CB00010B/1404